La Alabanza

LA PERLA DE LOS SALMOS

Salmo 84

C.H.Spurgeon

Para nuestros hermanos en
Cristo y amigos Lluvia,
con el deseo de que
te sea de bendición en
su trabajo y realidad a
lo que dice el salmista
"Atravesando el valle de
lágrimas lo convierten en
manantial" (Salmo 84:6).

Editor Eliseo Vila

COLECCIÓN SALMOS

El Tesoro de David

EDITORIAL CLIE
C/ Ferrocarril, 8
08232 VILADECAVALLS
(Barcelona) ESPAÑA
E-mail: clie@clie.es
http://www.clie.es

© 2016 Eliseo Vila Vila para la presente versión ampliada.

Cualquier forma de reproducción, distribución, comunicación pública o transformación de esta obra solo puede ser realizada con la autorización de sus titulares, salvo excepción prevista por la ley. Diríjase a CEDRO (Centro Español de Derechos Reprográficos) si necesita fotocopiar o escanear algún fragmento de esta obra (www.conlicencia.com; 917 021 970 / 932 720 447).

© 2016 Editorial CLIE

COLECCIÓN SALMOS

1

Título: *Al músico principal sobre Gitit.* Un salmo para los hijos de Coré que bien merece ir dedicado al principal de los músicos, el más noble de los hijos del canto, pues no hay música bastante dulce para arropar su tema, ni sonido tan exquisito como para igualar la belleza de su lenguaje. Más dulce que el gozo que mana de la prensa de vino (se afirma que este es el significado de la expresión *"sobre Gitit"*) es el gozo que fluye de las asambleas santas que se celebran en la casa de Dios.[1] Ni aún los favorecidos y dichosos hijos de la gracia, que son como los hijos de Coré, pueden hallar para su canto un tema más deleitoso que el de los gozosos festivales de Sión. No consideramos importante saber cuándo fue escrito o quién lo escribió. Estamos convencidos de que exhala plenamente el perfume davídico; de sus estrofas se desprende la fragancia de las hierbas aromáticas de las montañas, desiertos y refugios solitarios en los que el rey David tuvo que refugiarse y residir con frecuencia durante sus muchas guerras.[2]

C. H. Spurgeon

---

[1] La mayoría de exégetas, como es el caso de Herman Gunkel [1862-1932] incluyen el Salmo 84 con los salmos de peregrinaje.

[2] Dice al respecto José Mª Martínez [1924-] en "Salmos Escogidos": «Delitzsch estaba convencido de que fue escrito por uno de

Reparemos una vez más en que son los hijos, es decir, la descendencia de aquel malvado y rebelde Coré,[3] quienes ocupan en el culto y servicio solemne a Dios un lugar de honra y privilegio, puesto que numerosos[4] salmos de David van dedicados a ellos. En ello debemos ver, para consuelo de todos los hijos píos y obedientes, la confirmación de lo que afirma la Palabra de Dios de que, si reconocen a tiempo los pecados de sus padres y se apartan de ellos, los hijos no acarrearán sobre sí la iniquidad de sus padres.[5]

THOMAS PIERSON [1570-1633]
"David's Heart's Desire", 1631

Tema: Esta oda sagrada es una de las más selectas del salterio; irradia una dulce fragancia que le validó el calificativo de «LA PERLA DE LOS SALMOS». Si bien el Salmo 23 puede considerarse el más popular y conocido; el Salmo 103 el más gozoso; el Salmo 119 el más profundamente empírico, y el Salmo 153 el más lastimero; éste es sin lugar a dudas el más dulce de todos los salmos de paz. Los

---

los seguidores de David cuando éste huía de Absalón. Otros comentaristas han pensado que el autor pudo ser un efraimita convertido como resultado de la reforma religiosa llevada a cabo por el rey Josafat (2ª Crónicas 19:4-11). Algunos han admitido incluso la posibilidad de que fuese, a semejanza del autor de los Salmos 42/43, un judío desterrado. Pero hay motivos para pensar que el salmo es obra de un poeta plenamente identificado con los sentimientos de los peregrinos que anualmente subían a Jerusalén para participar en alguna de las grandes festividades religiosas».

[3] Números 26:9-11.
[4] El Salterio menciona a los *"hijos de Coré"* en doce salmos: 42, 43, 44, 45, 46, 47, 48, 49, 84, 85, 87 y 88.
[5] Ezequiel 18:14,17,20.

peregrinajes al Tabernáculo eran grandes acontecimientos en la vida del pueblo judío. En nuestro país las peregrinaciones al santuario de Tomás de Canterbury,[6] y de Nuestra Señora de Walsingham[7], en épocas pasadas eran tan populares que implicaban a poblaciones enteras; fueron motivo para el trazado y apertura de caminos, edificación y mantenimiento de hospederías, y dieron lugar a la creación de abundante literatura[8]. Esto puede ayudarnos a entender la influencia que ejercían los peregrinajes sobre los anti-

---

[6] Se refiere a THOMAS DE CANTERBURY o THOMAS BECKET [1118-1170], Arzobispo de Canterbury y Lord Canciller de Inglaterra, venerado como santo y mártir tanto por la Iglesia Anglicana como por la Iglesia Católica. Intimo amigo de Enrique II, se enfrentó a él a causa de las *"Constituciones de Clarendon"* sobre los privilegios del clero y fue acusado de oposición a la autoridad real y abuso de su cargo de canciller. Traicionado por el Papa Alejandro III, que prefirió ceder a las presiones políticas, Becket fue asesinado el 29 de diciembre de 1170 en el atrio de la catedral de Canterbury por cuatro caballeros que interpretaron la exasperación del rey con el arzobispo como una orden de eliminarlo. Desde entonces fue venerado por los fieles de toda Europa como mártir y en Inglaterra se organizaban multitudinarias peregrinaciones a su tumba.

[7] Se refiere al *Santuario de Nuestra Señora Walsingham* en Norfolk, Inglaterra, fundado en 1061 por Richeldis de Faverches, una mujer de la nobleza que tuvo una visión en la que se le apareció la Virgen María y le pidió que construyera una réplica de su casa en Nazaret, por lo que el lugar es conocido como el «Nazaret Británico». Desde la edad media se convirtió en lugar de peregrinación, y cuando viajar a Roma o Santiago era muy complicado y difícil (por no decir imposible) para la mayoría, *Walsingham* era el destino más común.

[8] Quizá la obra más conocida sea *"Tales of Canterbury"*, "Los cuentos de Canterbury", de GEOFFREY CHAUCER [1343-1440], donde los integrantes de un grupo de peregrinos que se ha formado en el viaje relatan historias y cuentos, mientras se acercan cada día más a su destino: la tumba de Tomás Becket, en la Catedral de

guos israelitas. Familias enteras viajaban juntas, formando enormes partidas de peregrinos que iban creciendo con la adición de nuevos peregrinos en cada hospedería. Acampaban en claros verdes y soleados, cantaban al unísono mientras transitaban por los caminos, avanzaban con dificultad subiendo montañas y cruzando ciénagas; y a la vez mientras caminaban juntos, acumulaban memorias felices que jamás olvidarían. Quien por alguna causa se hubiera visto excluido de esta santa compañía de peregrinos, o se le hubiera prohibido participar en el culto devoto de la congregación, encontraría en este salmo el modelo perfecto para expresar sus sentimientos tristes y apesadumbrados.

C. H. SPURGEON

Estructura: Las divisiones de este salmo surgen de manera natural en los lugares donde al propio poeta o músico situó sus correspondientes: *Selah,* por lo que se estructura en tres bloques: Los versículos uno al cuatro (73:1-4); cinco al ocho (73:5:8); y nueve al doce (73:9-12).

Versión poética:

QUAM DILECTA TABERNACULA TUA DOMINE VIRTUTUM

¡Oh qué admirables son! ¡qué deliciosos!
Señor tus tabernáculos divinos
mi amor con su memoria desfallece,
sin poder soportar su ardor activo.

Canterbury. Escrita en el siglo XIV, es una de las obras más importantes de la literatura inglesa.

Mi corazón, mi carne, mi alma toda,
con todas sus potencias y sentidos,
se transportan de gozo, cuando piensan
en la mansión amable del Dios vivo.

Como las aves van a su morada,
y las tórtolas fieles a su nido,
para abrigar a sus hijuelos tiernos
de la intemperie del calor y el frío.

Así yo en mis amargas aflicciones,
¡oh Dios omnipotente y Señor mío!
¡oh Dios de los humanos corazones!
en tu santuario buscaré mi asilo.

Dichosos los que habitan en tu casa,
en tu augusto y excelso domicilio,
sin más ocupación que la de amarte,
y cantar tus inmensos beneficios.

Dichoso aquel que en sus tribulaciones
pone su confianza en tus auxilios,
y que en el triste valle de las penas,
se sujeta a su mísero destino.

Porque el Señor, legislador supremo
le dará fuerzas, lo verá propicio,
de virtud en virtud hará que crezca,
hasta que llegue el día del alivio.

Oye mis ruegos, Dios omnipotente,
Dios de Jacob escucha los gemidos
con que te imploro, a fin que cuanto antes
te vea en el santuario en que te he visto.

¡Oh santo Dios de Israel! ¡protector nuestro!
vuelve los ojos tierno y compasivo
al que hiciste ungir Rey de tu pueblo,
mira con piedad el rostro de tu Cristo.

Un solo, un solo día que yo viva
y que cante en tus atrios dulces himnos,
me será más amable y delicioso
que mil, si los viviera en otro sitio.

Y más quiero vivir abandonado
en la casa de Dios, que preferido
en los nobles palacios de los grandes,
o en los bellos salones de los ricos.

Dios se complace en su misericordia,
y gusta de cumplir lo prometido,
valor pues, y esperemos que su gracia
nos abra de la gloria los caminos.

Entretanto, ¿qué falta al que si sufre,
sabe sufrir con el divino auxilio?
Dichoso pues y bienaventurado
el que ama, espera y sufre sometido.

DEL "SALTERIO POÉTICO ESPAÑOL", SIGLO XVIII

2

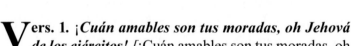

Vers. 1. *¡Cuán amables son tus moradas, oh Jehová de los ejércitos!* *[¡*Cuán amables son tus moradas, oh Jehová de los ejércitos! *RVR77] [¡Cuán hermosas son tus moradas, Señor Todopoderoso!* NVI*] [¡Cuán preciosas son tus moradas, oh* SEÑOR *de los ejércitos!* LBLA*]*

Cuán amables.[9] ¡Cuán hermosas! ¡Cuán preciosas! El salmista no dice más porque no puede, no encuentra palabras.[10] Sus expresiones demuestran que estaba absorto, incapaz de expresar sus sentimientos. Sí, las reuniones y asambleas de los santos son tan hermosas en nuestra memoria, en nuestra mente, en nuestro corazón, en nuestra mirada, en todo nuestro ser y nuestra alma que se hacen difíciles de describir con palabras. Pues no hay en la tierra nada más alentador y refrescante para un creyente que juntarse con los hermanos para adorar a Dios. Y aquellos taciturnos y negativos

---

[9] En hebreo יְדִידוֹת *yədîḏōṯ* de יָדִיד *yedîyd.*
[10] SCHÖKEL nos hace notar que el propio término hebreo יָדִיד *yedîyd*, utilizado también en otros pasajes como Deuteronomio 32:12; Salmo 45:1; 60:5; 127:5; Isaías 5:1 y Jeremías 11:15 demuestra que el salmista estaba "enamorado del templo".

que no ven en la casa del Señor y los cultos de alabanza nada "amable" o "hermoso", son de compadecer más que otra cosa.

Son tus moradas.[11] El tabernáculo había sido instalado en diversos lugares y su interior estaba dividido en diversas zonas, por tanto, nada tiene de extraño que utilice el plural y diga: *"tus moradas".* Para David cada rincón, ya fuera el atrio exterior o el interior, era hermoso y admirable. No había una cortina, un nudo de fijación de una sola cuerda, que para él no fuera precioso. Por ello se regocija y clama con gran alegría, aún estando lejos, al recordar el tabernáculo donde Jehová se había revelado y rememorar las asambleas santas y ritos solemnes en los que había participado.

Oh Jehová de los ejércitos.[12] Y nos explica la razón: Porque son tus moradas, oh Señor de los ejércitos, y por tanto para tu pueblo son de particular estima. Tu pabellón es el centro del campamento y todos se juntan a su alrededor volviendo hacia él su mirada; cual los ojos de cualquier ejército se concentran alrededor de la tienda de su rey. Gobiernas y diriges con tanta bondad a todos los seres por ti creados, que todas sus huestes se regocijan en lugar de tu morada, y de manera especial las muchedumbres de tus santos, que te aclaman gozosos y leales como *"Señor de los ejércitos".*

C. H. Spurgeon

---

[11] En hebreo מִשְׁכְּנוֹתֶיךָ *miškənōṯeḵā* de מִשְׁכָּן *mishkân.*

[12] En hebreo יְהוָה צְבָאוֹת *yehôvâh tsebâ'âh.* José Mª Martínez [1924-] en "Salmos Escogidos" nos hace notar que: «no es el nombre de Dios que más se usa en los salmos. Es indicativo de la majestad de Yahvéh, de su omnipotencia y soberanía sobre todo tipo de huestes del cielo».

¡Cuán hermosas son tus moradas! ¿Qué era eso que al salmista se le antojaba tan hermoso? *Tus moradas.* ¿Y porqué las estima tan preciosas y amigables? ¿Por el esplendor y majestuosidad del edificio? ¿Por su elevado coste y el alarde de ingenio que implicó su construcción? Definitivamente no, pues cuando se escribieron estas palabras el templo aún no había sido construido; y el tabernáculo, lo que entonces había, era una cosa más bien modesta, más adecuada para peregrinos en el desierto que para gentes aposentadas disfrutando de opulencia; y menos todavía para un rey. Ello nos enseña que los corazones píos y fervorosos no precisan de magnos y suntuosos edificios para sentirse en la casa de Dios y experimentar hacia ella un amor y atracción excepcionales.

WOLFGANG MUSCULUS [1497-1563]

¡Cuán hermosas son tus moradas! Lo que hacía bonito el tabernáculo de Moisés, no era el exterior, que era sencillo (como lo es la Iglesia de Dios en su apariencia exterior, sacudida por persecuciones, aflicciones y pobreza), sino lo que había en su interior: vasos de oro y otros objetos preciosos; los sacerdotes revestidos ejecutando sus funciones de culto y en ocasiones especiales el sumo sacerdote con sus esplendorosas vestiduras; los levitas cantando sus cánticos y haciendo resonar sus trompetas; y las ofrendas y sacrificios por medio de los cuales se enseñaba al pueblo la naturaleza del pecado, la rigurosidad de la justicia, y la necesidad y eficacia del sacrificio. Pero mucho más amable todavía es la Iglesia de Dios y sus ordenanzas en tiempos del Evangelio: donde Cristo, nuestro Gran Sumo Sacerdote, se muestra en todo el esplendor de la gloria de su persona y plenitud de su gracia; donde los sacerdotes de Sión, llamados ahora ministros del evangelio, predican su mensaje revestidos de salvación y buena nueva; donde el Cristo crucificado hace de víctima propiciatoria ministrando al mundo y administrando las ordenanzas; donde se hace resonar la trompeta del evangelio y se escuchan sus ecos gozosos; donde todos los creyentes cantan cánticos de amor y de gracia. Pero lo que hace estas moradas particularmente bonitas, es la presencia de Dios en ellas; el hecho de que son casa de Dios y puerta del cielo;[13] las provisiones que hay en ellas atesoradas y la compañía que se disfruta en ellas.

JOHN GILL [1697-1771]
"Exposition of the Old Testament", 1748

¡Cuán amables son tus moradas oh Jehová de los ejércitos! Aunque el sentido del calificativo *"amables"* [que utilizan tanto la versión inglesa KJV como la española RVR], parte de la palabra francesa *"amiable"*, "hermoso, precioso, bello", y muchos traductores se han inclinado por esta idea, no debemos olvidar que el diccionario define "amable" como "algo digno de ser amado". Y en realidad, éste es el verdadero sentido de del adjetivo hebreo: יְדִידוֹת *yədîdōt* de יָדִיד *yadîyd,* "querido, amado", por lo que bien cabría traducir: "¡Cuán dignas de ser amadas son tus moradas!" El salmista se declara enamorado del templo. El plural de *"moradas"*, hace referencia a distintas divisiones, compartimentos y anexos del santuario, según vemos que se aplica al tabernáculo en otros salmos: *"En las fortificaciones de Sión Dios se ha dado a conocer como refugio seguro"*[14]; o: *"Temible eres, oh Dios, desde tus santuarios"*[15]. Tam-

---

[13] Génesis 28:17.
[14] Salmo 48:3.
[15] Salmo 68:35.

bién los calificativos divinos son aquí, como de costumbre, significativos: Mientras *"Jehová"*, hace referencia a la relación de pacto entre Dios y el peticionario, *"de los ejércitos"*, menciona su soberanía como base para la súplica, implorando su protección.

JOSEPH ADDISON ALEXANDER [1809-1860]
"The Psalms Translated and Explained", 1850

¡Cuán hermosos son tus tabernáculos! El término *"tabernáculos"*, que es la palabra que utiliza la versión inglesa KJV [nuestras versiones españolas traducen *"moradas"*], aplicada a la Iglesia nos transmite la idea de algo en constante movimiento, peregrinando de un lugar a otro hasta que llegue por fin a su asentamiento final, a su lugar de residencia. Pues de igual modo que el tabernáculo en el desierto y el campamento que lo rodeaba estaban pensados como algo transportable, tampoco la Iglesia de Dios tiene en este mundo lugar fijo ni seguro donde aposentarse, sino que se ve forzada a moverse con frecuencia. Este constante peregrinaje, que afecta también a cada creyente en particular (que como bien afirmara Agustín de Hipona es "peregrino en este mundo"), nos apercibe y amonesta sobre del pecado, que es la razón del mismo. Es debido al pecado que en la persona de nuestros primeros padres fuimos expulsados del Paraíso a esta tierra en la que residimos temporalmente. Fuimos desarraigados de Jerusalén, es decir, del disfrute de la paz divina, y ubicados en Babilonia, es decir, a la confusión y el exilio, donde ahora vivimos errantes marchando de un lugar a otro.

NICHOLAS HEMMINGIUS [1513-1600]
"The faith of the church militant, Moste effectualie described in this exposition of the 84 Psalme", 1581

Vers. 1, 2. Cuando no somos capaces de describir la grandeza de una cosa en términos directos, echamos mano de las expresiones y frases de admiración. Y esto es exactamente lo que hace David en este caso. Incapaz de expresar el torbellino de sentimientos que brota de su corazón con respecto al tabernáculo de Dios, recurre a una frase de admiración: ¡Cuán amables son tus moradas oh Jehová de los ejércitos! Una frase peculiar, pues según como se mire cabría entenderla como poco realista o incluso irónica. Pues ¿en qué modo podía el tabernáculo ser un lugar amable? Era más bien un lugar de justicia implacable al que era necesario acudir para expiar con sangre de víctimas las transgresiones cometidas; un lugar donde se enseñaba que el pago por el pecado es la muerte. Y siendo así, ¿cabe describirlo como un lugar *"amable"?* Si hubiera dicho: «¡Cuán terribles son tus moradas, oh Jehová de los ejércitos!» hubiera sonado más congruente, y se entendería mejor, pues el Señor de los ejércitos es temible en todos sus hechos.[16] Pero, ¿amables? ¿admirables? Pues sí, amables y admirables; ya que ¿habrá cosa más admirable que descubrir que las moradas de Jehová de los ejércitos son tan amables como para ser admiradas? Entonces, ¿acaso son amables porque han perdido todo el sentido terrible de la justicia que en ellas se evidencia y se imparte? No, las moradas de Jehová de los ejércitos siguen siendo asombrosamente terribles para sus enemigos. Pero a la vez son admirablemente amables para todos aquellos que le aman y le temen, ya que pasan a ser su salvaguarda, su lugar de refugio y defensa. Si bien no dejan de ser por un lado tribunal de justicia y patíbulo de ejecución para los malvados; para los justos son palacio donde se aloja la corte del

---

[16] Salmo 66:5.

Príncipe de Paz; y por ello el alma del salmista *"anhela ardientemente los atrios del Señor"*. Ciertamente, nuestro mayor anhelo es formar parte de esta corte del Príncipe de paz, aunque no ahora, pues aún no somos aptos para ello. Pero los Atrios de Dios ejercen una acción transformadora, y no acogen únicamente a los que ya son aptos, sino que convierten en aptos a todos aquellos que acuden a ellos, hasta el punto de transformar en un imponente y frondoso cedro del Líbano a quien no era más que un arbusto débil y enfermizo en Baca.[17]

SIR RICHARD BAKER [1568-1645]
"Meditations and disquisitions, upon the seven consolatorie psalmes of David namely, The 23, 27, 30, 34, 84, 103, 116", 1639

---

[17] Se trata de una hermosa y poética figura comparativa de transformación en la que el autor juega con lo que leemos en el versículo seis (84:6): *"Cuando pasa por el valle de las Lágrimas lo convierte en región de manantiales"*. La versión inglesa traduce: *"Who passing through the valley of Baca make it a well"*. El significado de la palabra hebrea *"Baca"* es "lágrimas" o "profunda tristeza"; en árabe es "llorar", lo que ha inclinado a la mayoría de traductores modernos a traducir *"valle de las lágrimas"* y no hay nada que objetar en ello. Pero el origen y verdadero significado del "Valle de Baca" es incierto, y sobre el mismo se ha especulado mucho. Algunos lo enlazan con el pasaje de Génesis 16:6,7, el lugar donde el ángel habló con Agar cuando estaba afligida (de hecho los musulmanes identifican en valle de Bakkah con el lugar mencionado en la sura 3:96 del Corán). Otros lo identifican con el arbusto mencionado en 2ª Samuel 5:23, donde se utiliza la misma palabra hebrea, un arbusto que destila un líquido viscoso en forma de lágrimas y que los árabes utilizan como bálsamo llamándole "arbusto de Baca" o "arbusto de las lágrimas". Sir Richard Baker parece inclinarse más por esta idea en su figura comparativa, y por el significado de "aquel que no es más que un pobre arbusto enclenque y llorón en el valle de Baca, (en esta tierra), en los Atrios de Dios se transforma en un imponente y frondoso cedro del Líbano".

Vers. 2. *Anhela mi alma y aun ardientemente desea los atrios de Jehová; mi corazón y mi carne cantan al Dios vivo.* *[Anhela mi alma y aun ardientemente desea los atrios de Jehová; mi corazón y mi carne cantan al Dios vivo. RVR77] [Anhelo con el alma los atrios del Señor; casi agonizo por estar en ellos. Con el corazón, con todo el cuerpo, canto alegre al Dios de la vida. NVI] [Anhelaba mi alma, y aun deseaba con ansias los atrios del Señor; mi corazón y mi carne cantan con gozo al Dios vivo. LBLA]*

Anhela mi alma y aun ardientemente desea. Siente añoranza, una nostalgia insaciable que se transforma en ansia y desfallecimiento, y en su interior agoniza.[18] Hasta tal extremo llega su deseo de poder unirse a la congregación de los santos en la casa del Señor. El anhelo del salmista era profundo e insaciable, todo su cuerpo suspiraba ardientemente por su Dios hasta sentirse desfallecer. La demora lo abrumaba y se sentía incapaz de continuar en esa situación. Estaba enfermo de amor, de un amor santo; y que le hubieran prohibido adorar a su Dios en el lugar habilitado para ello, le consumía por dentro.

Los atrios del Señor. Lo que tanto turbaba su alma era lograr pisar de nuevo esos recintos santos y sagrados dedicados a la adoración. Los súbditos leales aman los atrios de su rey.

---

[18] SCHÖKEL traduce: *"Mi aliento se consume anhelando los atrios del Señor"*, y nos hace notar que נִכְסְפָה *niksəp̄āh* de כָּסַף *kâsaph* es un verbo raro, y hace al respecto este curioso y sugerente comentario: «Si se lo encargáramos a san Juan de la Cruz, quizá tradujera: *"Con ansias en amores inflamada"*. El ansia del salmista es total: alma = aliento, corazón = mente, carne = cuerpo».

Mi corazón y mi carne cantan al Dios vivo. En realidad, lo que tanto añoraba era a Dios mismo, al Dios viviente, al único y verdadero Dios. Lo anhelaba con todo su ser: el anhelo de su espíritu engendraba tal empuje que enervaba también a su decaído cuerpo físico. Ciertamente, pocas son las veces en que la carne se inclina hacia la dirección correcta; pero es preciso señalar que en el tema del *Sabbath,* del descanso semanal, hay ocasiones en las que nuestro cuerpo fatigado acude voluntariamente en apoyo de nuestro corazón anhelante, y reclama su descanso físico con tanto anhelo como el alma pide su reposo espiritual. Al Salmista le resulta imposible permanecer callado, no puede dejar de expresar su anhelo, y prorrumpe en un clamor expresando sus ansias de Dios y de su casa: ruega e implora, gime y ríe, llora y canta, tratando de conseguir ese privilegio. En contraste con David, que gime y clama expresando sus deseos de acudir a la casa de Dios, es triste ver hoy en día a tantos que precisan ser arrastrados a la iglesia, o no irían. David no necesitaba que las campanas repicaran desde el campanario para recordarle su obligación, llevaba la campana incrustada en su propio pecho: el santo anhelo de estar en la casa de Dios es mejor llamada al culto que el tañer de las campanas más sonoras.

C. H. Spurgeon

Anhelo con el alma los atrios del Señor; casi agonizo por estar en ellos. No todo lo hermoso nos impulsa a suspirar por ello, ni todo suspiro llega a la agonía. ¡Imaginad cuán hermosos habían de ser esos atrios para lograr que el alma del salmista no sólo suspirara, sino que agonizara en su deseo de estar en medio de ellos![19] Si me hicieran la oferta que hizo Satanás a Cristo, "disfrutar de todos los reinos de la tierra"[20], a condición de quedarme fuera de los Atrios del Señor, mi anhelo por estos sería tan enorme que causaría en mi corazón mayor dolor que todo el gozo y contentamiento que el terrenal disfrute me pudiera proporcionar. Y no podemos evitar el preguntarnos: Si sus moradas y atrios terrenales en los que habita aquí como Señor de los ejércitos, son ya tan amables y hermosos: ¿Como habrán de ser sus mansiones y atrios celestiales donde habita como Príncipe de Paz?

Sir Richard Baker [1568-1645]
"Meditations and disquisitions, upon the seven consolatorie psalmes of David namely, The 23, 27, 30, 34, 84, 103, 116", 1639

Anhelo con el alma los atrios del Señor; casi agonizo por estar en ellos. La palabra hebrea כָּלְתָה *kālǝtāh* de כָּלָה *kâlâh* que la versión inglesa KJV traduce por *"fainteth"*, "desfallece",[21] significa "consumirse en el deseo o anhelo de algo"; como solía decirse en latín: *"deperire alquem amore"*, "me muero de amor", es decir, "amo con tanta vehemencia y me siento tan inflamado por el deseo de conseguir aquello que amo, que tal deseo me consume hasta el punto de perder todas mis fuerzas, y si no consigo lo que anhelo desfallezco agonizante". Lo que el salmista quiere transmitirnos es la idea de un deseo ardiente que le

---

[19] La *Septuaginta* o Versión griega de los LXX traduce: ἐπιποθέω καί ἐκλείπω ὁ ψυχή y la *Vulgata* le da un sentido peculiar: *"concupiscit et déficit anima mea"* es decir, *"mi alma codicia y desfallece"*. El deseo y anhelo es tanto que raya en la codicia.
[20] Mateo 4:9.
[21] Salmo 73:26; 119:81.

consume y atormenta, que le quema la mente, desgasta su carne, y desbarata sus entrañas mientras no se le permita disfrutar de aquello que desea.

HENRICUS MOLLERUS [1530-1589]
"Enarrationis Psalmorvm Davidis, ex praelectionibvs", 1639

Mi alma, mi corazón, mi carne. Nos transmite la idea de la totalidad de su ser, del hombre entero con todas sus facultades y afectos. Los verbos hebreos utilizados son muy expresivos y significativos: el primero נִכְסְפָה *niḵsəp̄āh* de כָּסַף *kâsaph,* "anhelo", quiere decir literalmente "palidecer" o "perder el brillo del rostro"; el segundo כָּלְתָה *kāləṯāh* de כָּלָה *kâlâh* "desfallecer", significa "consumirse interiormente a causa de la intensidad del deseo", como en Job: *"Aunque mi corazón desfallece dentro de mí"*[22].

JOHN JAMES STEWART PEROWNE [1823-1904]
"Commentary on the Book of Psalms", 1864

Claman.[23] El término hebreo יְרַנְּנוּ *yərannənū* de רָנַן *rânan* significa "lanzar gritos agudos levantando y haciendo

---

[22] Job 19:27.

[23] Lo que nuestra versión RVR y otras versiones españolas traducen como: *"mi corazón y mi carne cantan al Dios vivo"*, la versión inglesa KJV lo traduce como *"my heart and my flesh crieth out for the living God"* que vendría a ser "claman por el Dios vivo". El sentido no es el mismo, pues la expresión hebrea יְרַנְּנוּ *yərannənū* de רָנַן *rânan* se aproxima más a "grito" o "clamor" que a "canto", aunque como se trata de un grito de alborozo, un grito gozoso y exultante, tampoco es incorrecto que algunas versiones lo hayan traducido por "canto". Pero la idea es más de "clamor" en sentido de "anhelo". Nosotros nos inclinamos por la NVI que traduce: *"Con el corazón, con todo el cuerpo, canto alegre al Dios de la vida"*.

resonar la voz para que se oiga lo más lejos posible", como los soldados que al comenzar la batalla gritan: «¡Adelante, adelante!», o una vez ganada gritan: «¡Victoria, victoria!». El sentido del hebreo es de un grito fuerte e intenso que se hace oír, como el de un niño que llora porque tiene hambre: lo hace con todo su ser, con todas sus fuerzas, es el niño entero que llora: llora con la cara, llora con las manos, llora con los pies...

THOMAS BROOKS [1608-1680]
"A Matchless Portion; Or, The Best Wine Reserved
Till Last", 1662

Dios vivo.[24] El único otro lugar en todo el libro de los salmos donde se utiliza este nombre para referirse a Dios es en el Salmo 42:2: *"Mi alma tiene sed de Dios, del Dios vivo"*. Este término hebreo tan particular sólo aparece cuatro veces en toda la Biblia, las dos que ya hemos mencionado en el libro de los salmos; otra en el libro de Josué: *"En esto conoceréis que el Dios viviente está en medio de vosotros"*[25] y otra en el de Oseas: *"Y en el mismo lugar donde se les llamó: 'Pueblo ajeno', se les llamará: 'Hijos del Dios viviente'"*[26].

JOHN JAMES STEWART PEROWNE [1823-1904]
"Commentary on the Book of Psalms", 1864

Vers. 3. *Aun el gorrión halla casa, y la golondrina nido para sí, donde ponga sus polluelos, cerca de tus altares, oh Jehová de los ejércitos, Rey mío, y Dios mío.*

---

[24] En hebreo: אֶל־חָי *'ēl ḥāy.*
[25] Josué 3:10.
[26] Oseas 1:10.

[Aun el gorrión halla casa, y la golondrina nido para sí, donde ponga sus polluelos, cerca de tus altares, oh Jehová de los ejércitos, Rey mío y Dios mío. RVR77] [Señor Todopoderoso, rey mío y Dios mío, aun el gorrión halla casa cerca de tus altares; también la golondrina hace allí su nido, para poner sus polluelos. NVI] [Aun el ave ha hallado casa, y la golondrina nido para sí donde poner sus polluelos: ¡tus altares, oh Señor de los ejércitos, Rey mío y Dios mío! LBLA]

Aun el gorrión halla casa. El salmista envidia a los gorriones que construyen su nido alrededor de la casa de Dios recogiendo las ramitas para forjarlo del suelo de sus atrios;[27] y anhela poder hacer lo mismo que ellos, frecuentar las asambleas solemnes y tener acceso a un pellizco de comida celestial.

Y la golondrina nido para sí, donde ponga sus polluelos.[28] Envidia también a las golondrinas cuyos nidos, bajo los aleros de los tejados de las casas de los sacerdotes, servían de cobijo a ellas y a sus polluelos. Así también nos regocijamos no sólo de la oportunidad de asistir a la casa

---

[27] Hacer el nido en un lugar determinado, en lenguaje bíblico era símbolo de asentarse o establecerse en él (Números 24:21; Abdías 1:4; Habacuc 2:9).

[28] FRANCISCO LACUEVA [1911-2005] observa en su traducción del *"Comentario de Matthew Henry"* que: «Como hace notar Bullinger (también Cohen), en el versículo 3 hay una elipsis: Después de «sus polluelos», hace falta suplir: *"Así también yo hallo mi casa cerca de tus altares"*, etc. Quienes se sienten a gusto en la casa de Dios, no pueden menos de desear que también sus hijos se sientan a gusto allí, como los polluelos en los nidos que sus madres y padres fabrican para ellos. ¿Dónde mejor que allí podemos estar tanto nosotros como los nuestros?».

de Dios, sino de la bendición añadida hacerlo con nuestros retoños. La casa de Dios es hogar para nosotros y nido para nuestros pequeños.[29] *Cerca de tus altares, oh Jehová de los ejércitos.* Los pájaros eran los únicos que se acercaban con plena libertad hasta los mismísimos altares del tabernáculo, nadie se lo impedía y nadie estaba interesado en hacerlo, por ello David en su ataque de nostalgia se siente celoso de su ir y venir, de no poder pasearse por el santuario con la misma libertad que ellos. También merece la pena reparar en cómo repite reiteradamente el bendito nombre de *Jehová de los ejércitos;* encontraba en él una dulzura que le ayudaba a contrarrestar su amargura y hambre interior. Lo más probable es que cuando David escribió estas palabras se hallara en plena campaña militar, redoblando por ello el énfasis en ese título divino que le recuerda que el Señor mora también en las tiendas del campamento de forma tan cierta como entre las cortinas santas del tabernáculo.

Rey mío, y Dios mío. Y aún desde tierras lejanas, no quiere dejar de expresar su lealtad y rendir su pleitesía. Pues aunque tenga prohibido pisar los atrios del santuario, nadie, absolutamente nadie puede impedirle amar al Rey. Aunque esté exilado, no es un rebelde. Cuando por algún motivo no es posible ocupar un asiento en la casa de Dios, nada impide que Dios ocupe un lugar en nuestra memoria y un trono en nuestro corazón. Y la repetición del pronombre posesivo *"mío"* es también preciosa. El salmista se agarra a Dios con las dos manos; como hace quien desea obtener un favor de alguien

---

[29] El nido es símbolo de hogar, de asentarse, establecerse (Números 24:21; Abdías 1:4; Habacuc 2:9).

y habiéndole agarrado está resuelto a no soltarlo y dejarle ir hasta que se lo conceda.

C. H. SPURGEON

Aun el gorrión halla casa, y la golondrina nido para sí, donde ponga sus polluelos, cerca de tus altares. Una costumbre ampliamente extendida en diversas naciones de la antigüedad puede ayudarnos a entender mucho mejor este versículo. Los pájaros que construían su nido en los templos o dentro de su perímetro, quedaban automáticamente bajo la protección del templo; no se les podía ahuyentar, perseguir y menos aún capturar, al contrario, disfrutaban de comida abundante y de un lugar seguro y agradable donde vivir.

WILLIAM KEATINGE CLAY [1797-1867]
"Explanatory Notes on the Prayer Book Version of the Psalms", 1839

Aun el gorrión halla casa. Este salmo muestra el tierno cuidado de Dios sobre las más débiles de sus criaturas, en una figura de matices emotivos. Como exilado, el salmista envidia los privilegios de los gorriones del tabernáculo, anhela poder tener su nido en las moradas de Dios. También el creyente halla en los altares de Dios su hogar predilecto y un perfecto lugar de descanso. O dicho en otras palabras, no en los altares en sí mismos, sino en las verdades trascendentes que simbolizan. Su confianza en Dios se ve fortalecida, potenciada y endulzada por el conocimiento del divino cuidado paterno, providencial y universal, cada instante de cada minuto, algo que le infunde deleite y admiración. Alguien ha afirmado poéticamente: «Dios nunca falla en proveer casa al hombre desesperado, y

| 23 |

nido al gorrión atribulado» ¡Qué confianza tan enorme nos proporciona esto! ¡Cómo no vamos a descansar plenamente en ello! ¡Y cuánto reposo encuentra en estas palabras el alma que se entrega por completo al cuidado amoroso de Aquel que provee de manera tan tierna para las necesidades de sus criaturas! La expresión *"casa"* equivale aquí a *"nido"*, a un lugar seguro: un refugio en la tormenta, escondite y protección de todo aquello que pueda dañarnos; un lugar donde cobijarnos, descansar y disfrutar. Pero lo que sacude mi mente cuando medito es que los gorriones, estos pajarillos mimados por Dios, ignoran por completo de quién procede toda esta bondad, quién provee por ellos y les proporciona lo mucho que reciben; nada saben acerca de la mano que los alimenta y ni del corazón divino que se preocupa por ellos. Se limitan a disfrutar alegres de las ricas y abundantes provisiones del cuidado divino, sin más. Ciertamente, no hay duda que Dios pensó en ellos de antemano, en todas aquellas cosas que podrían necesitar; pero muy a pesar de ello, no hay comunión establecida entre ellos y el gran Dador. De esto, alma mía, puedes y debes aprender una lección importante: Nunca te conformes con haber disfrutando sin más de los cuidados y privilegios que Dios te concede; antes bien levanta tú espíritu, busca, encuentra y disfruta plenamente de la comunión directa con el Dios vivo que se te ofrece por medio de Jesucristo nuestro Señor. Fíjate en cómo el corazón de David se vuelve hacia Dios: *"Mi corazón y mi carne cantan al Dios vivo"*.

JOHN SPENCER [1559-1614]
"Things New and Old", 1658

Y la golondrina nido para sí, donde ponga sus po-
lluelos. La confianza que estas aves singulares deposi-
tan en la raza humana, ciertamente sorprende. No sólo se
acercan ellas mismas, sino que sitúan a sus pequeñuelos
al alcance del hombre. He visto muchas veces nidos de
golondrinas debajo de balcones, totalmente al alcance del
brazo de cualquiera que abra el postigo, y con grave ries-
go de ser destruidos de un manotazo. Los he visto debajo
de portales, arcadas, porches, pegados a paredes de casas,
en picaportes de puertas, y en las vigas de cobertizos y
corrales frecuentados a diario por el hombre.

EDWARD JESSE [1780-1868]
"Gleanings in Natural History", 1856

Cerca de tus altares. En el tabernáculo había dos altares distintos: El *"altar de bronce"*[30], y el *"altar de oro"*[31].
Sin lugar a dudas el salmista se refiere a ambos. Ambos
estaban construidos de una misma madera: acacia, que
simbolizaba la naturaleza humana, santa y perfecta, del
Señor Jesús. La encarnación de Cristo es el fundamento
que sustenta toda su obra por nosotros, y todas las bendiciones que de él recibimos. Pero uno de ellos estaba recu-
bierto con bronce o cobre, y el otro con oro puro. Este re-
cubrimiento simboliza la divinidad de Cristo oculta, pero
en aspectos distintos: presentan al mismo Jesús, pero bajo
diferentes circunstancias. Uno, el de bronce, representa su
humillación y sufrimiento; el otro, el de oro, su exaltación
y gloria.

JOHN SPENCER [1559-1614]
"Things New and Old", 1658

---

[30] Éxodo 27:2; 39:39.
[31] Éxodo 40:5.

Tus altares.[32] Esta expresión מִזְבְּחוֹתֶיךָ *mizbəḥōṯeḵā* tiene en el original hebreo una vehemencia peculiar.[33] Correspondería traducirla más bien como una exclamación o un suspiro: "¡Oh, tus altares!" Es como si David dijera: "Ciertamente, Señor, sé que estás en todo lugar; que también estás aquí en el desierto, y que también aquí puedo verte y servirte, pero… ¡Oh, tus altares, *Señor de los ejércitos, Rey mío y Dios mío!*"[34]

JOHN DONNE [1573-1631]
"The Works of John Done – Sermon LXVI on Psalm 84", 1625

Tus altares. Se trata de una sinécdoque,[35] una forma poética de decir *"tu casa"* pero en sentido concreto, definido y particular, más que general. Se ha argumentado que jamás los sacerdotes y levitas a cargo del templo hubiera consentido que pájaro alguno construyera su

---

[32] Es interesante reparar en los tres plurales hebreos que hallamos en los versículos del 1 al 3, a saber: מִשְׁכְּנוֹתֶיךָ *miškənōṯeḵā* de מִשְׁכָּן *mishkân* que traducimos por "moradas"; לַחֲצְרוֹת *ləḥaṣrōwṯ* de חָצֵר *châtsêr* que traducimos por "atrios"; y מִזְבְּחוֹתֶיךָ *mizbəḥōṯeḵā* de מִזְבֵּחַ *mizbêach* que traducimos por "altares".

[33] En hebreo אֶת־מִזְבְּחוֹתֶיךָ de מִזְבֵּחַ *mizbêach,* "altar".

[34] JOSÉ Mª MARTÍNEZ [1924-] dice al respecto en "Salmos Escogidos": «Estar *"cerca"* de los altares de Dios equivalía a asegurar la experiencia del encuentro y la comunión con él».

[35] La SINÉCDOQUE es un tropo o figura retórica de lenguaje. Es la relación de la "parte" por el "todo", el singular por el plural, la especie por el género, el material de un objeto por el objeto, etc. Funciona también a la inversa (el todo por una parte); cuando es referida a individuos, tenemos una *antonomasia*, una parte que se puede sustituir por el todo. Una de sus formas más comunes es referirse a alguien aludiendo a una sola característica de su forma de ser o de su físico: "viene *el valiente*", "*el salmista* dice", "*la bonita* habla".

nido en los altares. Pero hay que verlo como lo que es realmente, una figura poética de lenguaje, muy común incluso en nuestros días. *"A parte apotiori fit denominatio"*, solemos decir: "Por allí asoma una vela blanca". ¿Imaginamos que alguien nos replicará que una vela por sí sola no puede navegar ni asomarse por ninguna parte? Es evidente que cuando decimos *"una vela blanca"* nos referimos a *"una embarcación"*, y así lo entiende quien lo escucha. De igual modo, cuando el salmista dice: *"tus altares"*, se refiere al conjunto arquitectónico del recinto del tabernáculo o del templo, algo muy habitual, como Shakespeare en Macbeth pone en boca de Banquo:

> «*El huésped del verano, el vencejo que ronda las iglesias, nos demuestra con su amada construcción que el hálito del cielo aquí seduce de fragancia: no hay saliente, friso, contrafuerte o esquina favorable en la que este pájaro no haya hecho su lecho y colgante cuna*».
>
> WILLIAM SHAKESPEARE [1564-1616]
> Acto I, Escena 6, *"Macbeth"*[36], 1606

Además, tampoco debemos olvidar que dentro del recinto del templo había numerosos árboles donde los pájaros podían construir fácilmente sus nidos.

> JOHN JAMES STEWART PEROWNE [1823-1904]
> *"Commentary on the Book of Psalms"*, 1864

---

[36] *Macbeth* es una tragedia acerca de la traición y la ambición, basada en el relato de la vida de un personaje histórico, el rey Macbeth de Escocia.

*Aun el gorrión halla casa, y la golondrina nido para sí,
donde ponga sus polluelos, cerca de tus altares, oh Jehová
de los ejércitos, Rey mío y Dios mío.* En este versículo vemos dos cosas importantes:

1. *Elocuencia a la hora de expresar la pena.* David
   en su destierro siente mayor envidia de los gorriones y las golondrinas que habían construido sus nidos alrededor de la casa de Dios, que de Absalón,
   que había usurpado su palacio y su trono.
2. *Ingenio al plantear la oración.* ¿Por qué los gorriones y las golondrinas pueden estar más cerca de
   tus altares que yo, oh Jehová de los ejércitos, Rey
   mío y Dios mío? Y la respuesta es: *"No temáis;
   vosotros valéis más que muchos pajarillos"*[37].

GEORGE ROGERS [1798-1891][38]

---

[37] Mateo 10:31.

[38] Sobre este mismo versículo, y con no menos elocuencia, AGUSTÍN
DE HIPONA [353-429] comenta: «El salmista había dicho: *"Anhelo
con toda mi alma los atrios del Señor, casi agonizo por estar en
ellos"* y añade con esperanza: *"Mi corazón y mi carne se regocijan
en el Dios vivo".* Es decir, en aquello que espera; se alegra en lo
de acá al pensar en lo que le aguarda allá. ¿Y de dónde viene ese
regocijo? De su esperanza. ¿Y en qué se centra esa esperanza? En
el Dios vivo. ¿Y qué es lo que se regocija en el Dios vivo? Su corazón y su carne. ¿Y por qué se regocija? Porque: *"Aun el gorrión
halla casa, y la golondrina nido para sí, donde ponga sus polluelos, cerca de tus altares".* Dos cosas en especial se regocijan en él
al pensar en el Dios vivo: su corazón y su carne. Y ahora se refiere
de nuevo a ellas, aunque de forma simbólica, identificándolas con
dos aves: El *gorrión*, que representa su *corazón*; y la *golondrina*,
con la que simboliza su *carne*. ¿Y qué dice del gorrión? Que halla
casa. Y su corazón también halla casa, puesto que remontándose
libremente en alas de la fe, la esperanza y la caridad, vuela raudo
hasta la casa de Dios, su casa; donde sabe que permanecerá para

siempre, sin escuchar ya jamás el canto lúgubre al que hace referencia en otro salmo cuando dice: *"Me desvelo y gimo como el pájaro solitario sobre el tejado"* (Salmo 102:7). Pues desde ese tejado de su casa terrena, su habitación carnal, volará expedito hacia el cielo, su morada eterna, donde tendrá habitación para siempre, y donde pondrá fin a sus cantos tristes y sus gemidos lastimeros. Pero de la golondrina, es decir, de su carne, dice otra cosa. ¿Qué dice? *"Que halla nido donde poner sus polluelos"*. El gorrión halla casa; la golondrina, nido donde poner sus polluelos. La casa es morada eterna; el nido habitación temporal. Los pensamientos de nuestro corazón vuelan libres hacia Dios, cual gorrión que vuela libre a su casa; pero nuestra carne, es decir, la golondrina, ha de buscar un nido donde incubar sus polluelos, donde llevar a cabo sus obras buenas. Puesto que con nuestra carne, mediante nuestro cuerpo físico, llevamos a cabo las buenas obras que el Señor nos ha preparado y mandado que hagamos (Efesios 2:10), ayudándonos los unos a los otros en este mundo terrenal. Como leemos en palabras de Isaías: *"¿No es que partas tu pan al hambriento, y a los pobres errantes albergues en tu casa; que cuando veas al desnudo, lo cubras, y no te escondas de tu hermano?* (Isaías 58:7)"*, y en muchos otros pasajes de la Escritura que nos ordenan cosas parecidas. ¿Acaso estas cosas no las llevamos a cabo por medio de nuestro cuerpo físico, es decir, de nuestra carne? De modo que el gorrión que piensa en su casa, en el cielo, no debe olvidar que la golondrina ha de buscar nido donde poner sus polluelos, ya que no está dispuesta a ponerlos al azar ni abandonarlos en cualquier sitio, sino que quiere un nido donde colocarlos. Y esto último que estoy diciendo, hermanos, es algo que sabéis sobradamente. Pues son muchos los que hacen buenas obras fuera de la Iglesia. Hay paganos que comparten su pan con el hambriento, que visten al desnudo, que visitan a los enfermos, que dan consuelo a los presos, que dan cobijo a los que carecen de techo. Muchos que, como la golondrina del salmista, ponen sus huevos. Pero con una diferencia, los ponen aquí y allá, sin haber encontrado aún el nido (…) ¿Y cuál es ese nido? El salmista nos lo dice a continuación: *"Cerca de tus altares, oh Señor de los ejércitos, Rey mío y Dios mío"*. ¡Ése es el nido!».

Vers. 4. *Bienaventurados los que habitan en tu casa; perpetuamente te alabarán. Selah [Bienaventurados los que habitan en tu casa; perpetuamente te alabarán. Selah. RVR77] [Dichoso el que habita en tu templo, pues siempre te está alabando. Selah. NVI] [¡Cuán bienaventurados son los que moran en tu casa! Continuamente te alaban. Selah. LBLA]*

Bienaventurados los que habitan en tu casa. El salmista considera a todos aquellos que participan con su trabajo facilitando la continuidad del culto divino, y los valora como altamente favorecidos. Sí, a todos, sin olvidar uno solo: desde los canónigos residentes, pasando por los cantores o antifoneros, hasta los ujieres que colocan los bancos en su lugar; incluidos aquellos que barren, friegan y limpian el polvo. Visitar la Casa del Señor con frecuencia es agradable y gratificante; pero vivir en ella, morar en el lugar de oración, habitar bajo sus atrios, ha de ser el cielo en la tierra. Ser huéspedes del propio Dios disfrutando de la hospitalidad del cielo, apartados para un trabajo santo, separados de los avatares del mundo y familiarizados con las cosas sagradas, es, a todas luces, la mejor herencia a que pueda aspirar un ser humano.[39]

---

[39] Sobre este *"Bienaventurados los que habitan en tu casa"*, AGUSTÍN DE HIPONA [353-429] comenta: «¿Por qué *"Bienaventurados"*? ¿Qué poseerán? ¿En qué se ocuparán? Pues en este mundo se tiene por dichosos o bienaventurados a quienes poseen o hacen algo especial, que les produce satisfacción. Suele decirse de algunas personas que son felices porque poseen abundantes bienes: mansiones, oro, plata, sirvientes. Pero también por el trabajo que realizan, porque ejercen cargos importantes: "¡Es Prefecto! ¡Es Procónsul!" De modo que en esta tierra llamamos bienaventuradas a

las personas en función de sus posesiones o por sus actividades. Pero en cielo, en la vida venidera, no será lo mismo. ¿Pues qué poseerán? ¿O qué harán? El salmista nos dice que son bienaventurados porque: *"habitan en tu casa"*. Puesto que por muy suntuosa que sea la casa donde habitas en propiedad, sigues siendo pobre; pero si habitas en la de Dios, eres rico. En tu propia casa vivirás con miedo a los ladrones; pero en la casa de Dios no, porque Dios mismo es el muro que la protege. Bienaventurados, por tanto, los que habitan en tu casa; porque son propietarios de la Jerusalén celestial. Y no tienen que preocuparse de escrituras ni registros, de lindes ni separaciones, viven sin desasosiegos, inquietudes ni preocupaciones; porque allí todos son propietarios por igual: la casa es posesión de todos y entera de cada uno. ¡Y cuán incomparables son sus riquezas! Allí no litiga hermano contra su hermano, porque no hay propiedades ni herencias, ni existe la pobreza. Pero como hemos mencionado, la virtud que hace al hombre bienaventurado no viene sólo de lo que posee, sino también del trabajo que ejerce o función que realiza ¿Y cuál será allí el trabajo, en qué consistirá la actividad? Toda actividad humana es fruto de la necesidad. Analizad si queréis, uno a uno, todos los trabajos del hombre, y os daréis cuenta de que surgen de la necesidad. Pues aún las artes más refinadas y los exponentes de cultura más elevados (como la elocuencia en el ejercicio del derecho y abogacía, o los conocimientos de las ciencias para practicar la medicina -ambas consideradas en este mundo, por ser muy útiles, como de especial honor y gran estima-), son producto de la necesidad. Mas si en el cielo no hay litigios: ¿qué conflictos resolverá el abogado? Y cuando hayan desaparecido los dolores y enfermedades (Apocalipsis 1:4): ¿qué va a curar el médico? Todas las actividades cotidianas propias de la vida en esta tierra tienen su origen en la necesidad: arar, sembrar, segar, comerciar: ¿de dónde parten sino de la necesidad? Pero una vez eliminadas el hambre, la sed, la desnudez: ¿qué necesidad habrá ya de buenas obras? (...) ¿Con quién vamos a partir el pan si nadie tiene hambre? ¿A quién vamos a cobijar bajo nuestro techo viviendo todos en la casa del Padre? ¿A qué enfermo visitaremos si no existe la enfermedad? ¿Qué conflicto vamos a resolver allí donde reina la paz permanente? ¿O qué muerto sepultar donde hay vida eterna?

Las buenas obras ya no serán necesarias, porque los polluelos de la golondrina habrán abandonado el nido para habitar en su casa, y *"Bienaventurados los que habitan en tu casa"* [ver nota 38 en este mismo Salmo 84, también de Agustín] (...) ¿Entonces? ¿Qué haremos allí? (...) ¿Leer y recitar el evangelio en un lugar donde no habrá necesidad de ello porque contemplaremos la Palabra, cara a cara al mismísimo Verbo de Dios? Es ahí precisamente donde el salmista, anhelante y deseoso de habitar en esa casa, presta su voz a nuestros propios anhelos aclarándonos cuál será nuestra actividad en aquella patria por la que tanto suspiramos. Pues cuando dice: *"Bienaventurados los que habitan en tu casa"*, añade justo a continuación: *"Perpetuamente te alabarán"*. Esta será nuestra actividad: un *"Aleluya"* eterno, una alabanza sin fin. Y no erremos, hermanos, pensando que esa actividad puede transformarse fácilmente en aburrimiento y hastío; como sucede a veces aquí en la tierra cuando repetimos una misma cosa en exceso. Aquí alabamos y alabamos, pero finalmente nos agotamos, porque nuestras propias necesidades humanas nos apartan del gozo divino; y además alabamos aquello que no vemos, y aquello que no se ve no provoca un gozo completo. Mas pensad por unos instantes en lo que allí será. Pues si ya aquí en la tierra, sometidos como estamos a nuestras limitaciones y dificultades fruto de la debilidad nuestra carne, cuando alabamos sentimos gozo, y lo hacemos con entusiasmo pese a que alabamos algo que todavía no vemos, simplemente porque lo creemos, ¿cómo será nuestra alabanza cuando lo veamos? Cuando la muerte haya sido sorbida con victoria, *"cuando esto corruptible se haya vestido de incorrupción, y esto mortal se haya vestido de inmortalidad"* (1ª Corintios 15:54-55), entonces nadie se va a quejar diciendo: ¡Qué largo y pesado se me hace permanecer de pie alabando! (...) Porque la propia inmortalidad de la que disfrutará nuestro cuerpo estará absorta en la contemplación de Dios. Y si las frágiles palabras con las que ahora me dirijo a vosotros han sido capaces de mantener vuestra atención durante tanto tiempo, aún en la fragilidad de vuestra carne, ¿qué no alcanzará a producir en nosotros la contemplación de la felicidad eterna? Seremos transformados. ¿Y cómo seremos transformados? *"Seremos semejantes a él, porque le veremos tal como él es"* (1ª Juan 3:2). Y si somos se-

Perpetuamente te alabarán. Estando tan cerca de Dios, su vida se transforma por completo en continua adoración; sus corazones y lenguas no cesan de magnificar al Señor un solo instante. Podrá parecernos que David describe en este versículo un cuadro ideal de aquello que debería ser y no la realidad de lo que es, puesto que aquellos que laboran a diario en cubrir las necesidades prácticas del culto público no siempre se cuentan entre las personas más devotas y consagradas, sino todo lo contrario; como dice en refrán popular: «Cuanto más cerca de la iglesia, más lejos de Dios». Con todo, estas palabras del salmista no dejan de ser una gran verdad en su sentido espiritual, pues aquellos hijos de Dios que en espíritu permanecen constantemente en su casa, están llenos constantemente de alabanzas a Dios. La comunión es madre de la adoración. Aquellos que se apartan de Dios dejan de alabarle, pero los que permanecen y moran en él están de continuo engrandeciendo su nombre.

Selah. En tan santa y gloriosa actividad deberíamos sentirnos gozosos de permanecer para siempre; por tanto, merece la pena que hagamos una pausa para reflexionar sobre el futuro glorioso que nos aguarda,

---

mejantes a él, ¿pensáis que vamos desfallecer en la alabanza? Hermanos, podéis estar seguros de que jamás llegaremos a saciarnos al alabar a Dios, como tampoco tiene fin nuestro amor a él. Cuando desmayamos en el amor, desmayamos en la alabanza; pero como el amor será eterno, aquella hermosura será inconmensurable, no tengas miedo, que podremos permanecer alabando eternamente a Aquel a quien amaremos eternamente, sin dificultad alguna. Por tanto: *"Bienaventurados los que habitan en tu casa, perpetuamente te alabarán"*. ¡Suspiremos y anhelemos ardientemente, como el salmista, esa vida de alabanza que nos aguarda!»

cuando por fin podamos morar eternamente con Dios y alabarle por toda la eternidad.

C. H. Spurgeon

Bienaventurados los que habitan en tu casa. ¿Qué significa esto? El salmista comienza hablándonos de las moradas o *tabernáculos* del Señor (84:1); después de *los atrios* del Rey (84:2), sigue con los *altares* de Dios (84:3); y ahora introduce un término nuevo: *tu casa,* el lugar donde habitualmente se alojan los seres humanos. ¿Se trata pues de un proceso gradual descendente en categoría; desde *"tabernáculos",* pasando por *"atrios"* y *"altares",* hasta una simple y vulgar *"casa"*? ¡No, alma mía, por supuesto que no; no hay tal proceso descendente! Más bien se trata de una sublimación que no de una sustitución. Empieza con: sus *tabernáculos* para evidenciar *su poder*; sus *atrios* para destacar *su majestad;* sus *altares* para evidenciar *su deidad*; y finalmente: su *casa,* para expresar *el conjunto de todos sus atributos.* Porque en su *casa* hay alabanza permanente; y *su alabanza* y *su gloria* son la suma de todo lo demás. Por tanto, habitar en la casa de Dios comporta un privilegio especial ya que, en cierto modo, con ello nos apropiamos de Dios mismo, tomamos posesión de él. Pues mientras sus *tabernáculos* y sus *atrios* permanecen abiertos a extraños, su *casa* únicamente es accesible a sus siervos. Es el lugar donde podemos estar más cerca de Dios y confraternizar con él, de lo cual derivan las mayores bendiciones; y por ello el salmista exclama: *Bienaventurados los que habitan en tu casa.* Pero, ¿qué nos corresponde hacer para habitar en *"su casa"* apropiadamente? Acudir no como el visitante curioso, que entra sólo para echar un vistazo; ni como el transeúnte, que se queda de manera temporal

| 34 |

cual si fuera una posada. Debemos habitar en *"su casa"* de forma constante, permaneciendo espiritualmente en ella día y noche, dedicados a su servicio como aquello que más reverenciamos y a lo que nos sentimos ligados y entregados plenamente.

SIR RICHARD BAKER [1568-1645]
"Meditations and disquisitions, upon the seven consolatorie psalmes of David namely, The 23, 27, 30, 34, 84, 103, 116", 1639

Bienaventurados los que habitan en tu casa. ¿Qué tenía para David esa casa más que cualquier otra, salvo el hecho de haber disfrutado en ella de la presencia divina? En ella su corazón se había habituado a ese disfrute, y de tal manera, que se le hacía imposible prescindir de él. Anhelaba que Dios dirigiera cada uno de sus pasos, y para ello, deseaba permanecer a su lado todos los días de su vida; no se conformaba con visitar la casa de Dios de cuando en cuando, quería convertirla en su morada. ¿Y por qué ese noble sentimiento no ha prevalecer también hoy en día, bajo la luz más clara del evangelio? ¿Por qué considerar la idea de *"habitar en la casa de Dios"* como algo inasequible? El desaliento, alentado por la pereza; y la errónea presunción de que aspirar tan alto denota falta de modestia; estrangulan la fe y ahogan los deseos más nobles y generosos. No caigamos en semejante trampa, al contrario, hagamos del objetivo de permanecer cerca de Dios nuestro más ardiente deseo, persigámoslo con ahínco, y luchemos por él con todas nuestras fuerzas; para que nuestro espíritu experimente la misma disposición que el salmista con respecto a la casa de Dios.

JOHN HOWE [1630-1705]
"The Living Temple or, A designed improvement of that notion, that a good man is the temple of God", 1702

Bienaventurados los que habitan en tu casa. Sí, podemos exclamar también nosotros: *"bienaventurados son"* ciertamente; y bienaventurados serán para siempre. Porque en la casa de Dios son verdaderos *"moradores"*, no meros *"visitantes"*. *"En la casa del Señor habitaré para siempre"*[40], leemos en otro bien conocido salmo; y estas palabras se hacen realidad, ¡bendita realidad!, en todos aquellos que confían en Jesús. Con todo, y a pesar de que todos los hijos de Dios, como eran los hijos de Aarón, son sacerdotes por derecho de nacimiento; ¡ay! no todos son sacerdotes por consagración.[41] Y cabe decir también que, comparativamente, muy pocos son los que conocen el lugar de sacerdocio que les corresponde ocupar en el altar de oro. Pues muchos albergan dudas respecto a si la totalidad de sus pecados, raíz y rama,[42] piel y estiércol, han sido debidamente consumidos por completo fuera del campamento.[43] Y en consecuencia se sienten temerosos de entrar en el atrio, pues a pesar de conocer que el Crucificado les da plena seguridad en su completa justificación y santificación, mantienen al respecto serias dudas, cuestionando si tal bendición puede o no llegar a ser la feliz herencia que a ellos corresponde. Y por este motivo, permanecen ajenos a la situación y al estado especial del alma que deriva de la consagración sacerdotal en la fuente del lavatorio, y de la felicidad del culto en el altar de oro; pues ni lo disfrutan ni lo conocen. No son sacerdotes por consagración. Y en este sentido, el propio versículo que comentamos se expresa con toda claridad: *"continuamente te alabarán"*. Si

---

[40] Salmo 23:6.
[41] Ver al respecto Éxodo 29:1,37.
[42] Malaquías 4:1.
[43] Éxodo 29:14.

han de permanecer, de hecho, si permanecen alabando *"continuamente"*, entonces todo tipo de dudas, temores o cuestiones no aclaradas, ya no tienen lugar ni razón de ser, han de haber desaparecido por completo, puesto que en el lugar santo no hay sitio para ellas. Por supuesto a todos los que están en Cristo les corresponde estar con él donde Dios está; pero no todos aquellos que creen en Cristo tienen pleno conocimiento, es decir, saben y creen que están ya *en él,* no son *una sola cosa con él.* Cuando el estado de nuestras almas responde apropiadamente a lo que simboliza el lugar santo, no podemos hacer otra cosa que alabar: *"Los que habitan en tu casa perpetuamente te alabarán".* Es entonces, precisamente, cuando experimentamos esa felicidad especial que deriva de sentirnos cerca de Dios, de mantener, en el Cristo glorificado, comunión directa con él por medio del poder del Espíritu Santo.

JOHN SPENCER [1559-1614]
"Things New and Old", 1658

Continuamente te alabarán. Ya que en este mundo es poco frecuente, más bien raro, que los siervos tengan la disposición de alabar a sus amos ¿cómo hemos de entender esas palabras: *"los que habitan en la casa de Dios continuamente le alabarán"*? ¡Atiende, oh alma mía!, pues en este caso lo que provoca la alabanza no es tanto la buena disposición de los siervos sino los infinitos merecimientos de su Señor! Pues cuando contemplan la admirable organización de su gobierno, comprueban con cuanto amor y ternura dispone todas las cosas en su justa medida, y ven que los trata como a hijos, más que como siervos, ¿y qué corazón puede ser tan ingrato como para no prorrumpir en alabanza? Y puesto que al morar en la casa de Dios contemplan tales cosas continuamente, lo más natural es que lo alaben también continuamente.

SIR RICHARD BAKER [1568-1645]
"Meditations and disquisitions, upon the seven consolatorie psalmes of David namely, The 23, 27, 30, 34, 84, 103, 116", 1639

Continuamente te alabarán. En tanto que los corazones están llenos de cielo, y las conciencias llenas de consuelo, en el templo del Espíritu Santo no cabe otra cosa que música.

JOHN TRAPP [1601-1669]
"A commentary or exposition upon the books of Ezra, Nehemiah, Esther, Job and Psalms", 1657

Continuamente te alabarán. Para que la alabanza sea de bendición, no basta con alabar a Dios ocasionalmente, es necesario alabarle *continuamente.* Y en esto es preciso considerar que, si bien alabar a Dios ocasionalmente es relativamente fácil, alabarle *continuamente* puede volverse muy pronto un trabajo penoso y difícil; y para la carne y sangre, sin duda un trabajo desagradable, puesto que nuestro yo carnal se preguntará: Si estoy alabando a Dios continuamente, ¿qué tiempo me va a quedar para los placeres terrenales? ¡Oh alma mía!, si no eres capaz de hacer de la alabanza a Dios tu objetivo primordial, fuente de tu disfrute y placer, en realidad, tu única y verdadera fuente de placer, en tal caso no eres merecedor de esta bendición, pues no calificas para ser parte de la bienaventuranza. Y no te maravilles ni sorprendas de que David, aún estando bajo la ley, se exprese de ese modo, cuando Pablo bajo la gracia no duda en afirmar: *"Si, pues, coméis o bebéis, o hacéis otra cosa, hacedlo todo para la gloria de Dios "*[44].

SIR RICHARD BAKER [1568-1645]
"Meditations and disquisitions, upon the seven consolatorie psalmes of David namely, The 23, 27, 30, 34, 84, 103, 116", 1639

Vers. 5. Bienaventurado el hombre que tiene en ti sus fuerzas, en cuyo corazón están tus caminos. *[Bienaventurado el hombre que tiene en ti sus fuerzas, en cuyo corazón están tus caminos. RVR77] [Dichoso el que tiene en ti su fortaleza, que sólo piensa en recorrer tus sendas. NVI] [¡Cuán bienaventurado es el hombre cuyo poder está en ti, en cuyo corazón están los caminos a Sión! LBLA]*

Bienaventurado el hombre que tiene en ti sus fuerzas.[45] Tras referirse a los privilegios y delicias de los que gozan aquellos que residen en la casa de Dios, nos habla ahora de aquellos que en compañía de otros hermanos devotos disfrutan de visitarla y permanecer ocasionalmente en ella en calidad de peregrinos. Pero su mención no es generalista ni su elogio indiscriminado, ya que se refiere exclusivamente a los que cuando asisten a las fiestas sagradas, lo hacen de corazón. La bendición que deriva de asistir al culto divino no corresponde, no atañe ni se aplica, a los indiferentes; a los adoradores apáticos y mentalmente ausentes, sino tan solo a los que ponen todo su ser, los

---

[44] 1ª Corintios 10:31.
[45] O también *"que encuentra en ti su fuerza"*. Algunos eruditos traducen *"que encuentra en ti refugio"*. SCHÖKEL traduce: *"Saca de ti fuerzas"*.

que proyectan en ello todo su entusiasmo y energías. Ni la oración, ni la alabanza, ni la meditación en la Palabra, resultan agradables, útiles y provechosas a todos aquellos que cuando asisten a la iglesia se dejan el corazón en casa. Un grupo de peregrinos cuyos corazones se hayan quedado por el camino, no es mejor que una caravana de cadáveres, incapacitados para permanecer juntos en armonía[46] y comunión con otros creyentes vivos que adoran a un Dios vivo.

En cuyo corazón están tus caminos.[47] Aquellos que aman los caminos del Señor, siempre son objeto de bendición. Cuando tenemos los caminos del Señor en nuestro

---

[46] Salmo 133:1.

[47] La *Septuaginta* o versión de los LXX traduce: κύριος ἀνάβασις ἐν ὁ καρδία αὐτός διατίθημι y la *Vulgata: "ascensiones in corde suo disposuit",* "dispuso subidas en su corazón". Este versículo es un verdadero enigma para los exégetas y un reto para los traductores. KRAUS dice al respecto: «Podría traducirse más libremente: *"los que tienen en su mente caminos de peregrinación".* Pero ¿qué quiere decir eso? Es difícil que el Texto Masorético ofrezca una lectura correcta, pues como dice Hermann Gunkel: *"Aun con la mejor voluntad, uno no puede llevar calzadas en su corazón".* En מְסִלּוֹת podría haber un error del copista que hubiese cambiado la primera consonante: הוֹלָסֵךְ es el plural de כְּסָלָה "confianza" (Job 4:6). Esta corrección permitiría dar un buen sentido al *parallellsmus membrorum,* sobre todo si en el v. 6a se trata de un peregrino que busca asilo (ver Salmo 27:5)». SCHÖKEL traduce: *"cuando proyecta su peregrinación"* y comenta al respecto: «Manteniendo la lectura hebrea, aparece el peregrino pensando y decidiendo *"calzadas",* rutas de tierra apisonada que facilitan el viaje, lo mejor en comunicaciones de la época. Si bien palabra preferida de Isaías Segundo y textos posteriores (Isaías 40:3; 49:11; 11:16; 62:10; 19:23), el paralelo más pertinente lo leemos en la gran composición de Jeremías 31:1-21, cuando invita a volver a la doncella de Israel: *"Fíjate bien en la calzada"* (Jeremías 31:21)».

corazón, y nuestro corazón en sus caminos, somos ciertamente lo que debemos ser y estamos realmente donde nos
corresponde estar. Y como consecuencia, disfrutamos de
la aprobación divina.

C. H. SPURGEON

En cuyo corazón están tus caminos. Es decir, aquel que
ama los caminos que conducen a *tu casa*.

ERNEST HAWKINS [1802-1868]
"The Book of Psalms, with explanatory notes", 1857

En cuyo corazón están tus caminos. En una traducción
más literal del hebreo sería: *"que tienen los peldaños de
ascenso en su corazón"*[48]. Probablemente se refiera a los
caminos que conducían al montículo donde se encontraba
situado el tabernáculo. Horsley[49] traduce: *"que se encor-
van al trepar por los caminos escarpados"*. Es probable
que este peculiar sentido del hebreo se refiera caminos
fuertemente empinados, incluso peldaños, que ascendían
al Monte Sión; así como también a lo largo de todo el trayecto montañoso hasta llegar Jerusalén.

JOHN FRY [1792-1822]
*"A Translation and Exposition of the Psalms on the princi-
ples adopted in the posthumous work of Bishop Horsley"*, 1842

En cuyo corazón están tus caminos. En su estado natural, el corazón humano es un desierto sin rutas ni caminos,

---

[48] En hebreo מְסִלּוֹת בִּלְבָבָם *məsillōwṯ bilḇāḇām*.
[49] Se refiere a SAMUEL HORSLEY [1733-1806], obispo de Rochester
y autor de numerosas obras, entre las cuales se encuentra *"The
Book of Psalms, translated with notes"* publicado en 1805, y que
cita el autor.

plagado de precipicios y de barrancos. Pero cuando es renovado por la gracia, todos los barrancos y precipicios son allanados, se traza en él una calzada y se prepara una senda para nuestro Dios, tal como nos dice el profeta Isaías.[50]

FREDERICK FYSH [1807-1880]
"A Lyrical, Literal Version of the Psalms", 1850

Vers. 6. *Atravesando el valle de lágrimas lo cambian en fuente, cuando la lluvia llena los estanques. [Atravesando el valle de lágrimas lo cambiarán en lugar de fuentes, cuando la lluvia llene los estanques.* RVR77] *[Cuando pasa por el valle de las Lágrimas lo convierte en región de manantiales; también las lluvias tempranas cubren de bendiciones el valle.* NVI] *[Pasando por el valle de Baca lo convierten en manantial, también las lluvias tempranas lo cubren de bendiciones.* LBLA]*

Atravesando el valle de lágrimas lo convierten en manantial.[51] Mientras recorren gozosos su ruta hacia la gran asamblea, los felices peregrinos encuentran refrigerio incluso en las partes más secas del camino. Así como era costumbre entre los viajeros juntarse a charlar alegremente después de una dura etapa alrededor de un pozo, relajándose y refrescándose; así también los peregrinos al cielo, anticipando la gran asamblea en la que participarán un

---

[50] Isaías 40:3-4.
[51] En hebreo מַעְיָן *ma'yân* de מַעְיָן *mayanah*, "fuente, manantial". La KJV traduce *"well"*, "pozo", pero el sentido es más bien "agua corriente, agua que brota y corre".

día con gozo indescriptible, encuentran dulce solaz en la comunión fraternal con otros hermanos, aún en medio del valle de lágrimas o atravesando los parajes más inhóspitos y desolados. Probablemente aquí se haga una alusión local que nunca entenderemos, pero su significado simbólico es bastante claro: en el peregrinaje hay gozos que contribuyen a que el peregrino olvide las incomodidades del camino.[52]

Cuando la lluvia llena los estanques. El Señor suple a sus hijos con todas las provisiones que precisan para los caminos que él les ha señalado. Cuando estos suministros no brotaban desde abajo, los peregrinos hallaban compensación abundante de aguas que caían desde arriba, y así será también con la hueste sacramental de los elegidos. Senderos que hubieran sido desérticos y carentes de todo tipo de alojamiento, se transformaban en caminos amplios provistos con lo aquello que el viajero necesitara, porque los grandes peregrinajes anuales apuntaban en esa dirección. Y así también, la confraternidad y comunión de unos creyentes con otros, y el gozo de poder adorar juntos a Dios, hace que muchos de sus deberes cristianos, que de otro modo les hubieran resultado pesados y gravosos, se les hagan fáciles y deleitosos.

C. H. Spurgeon

Pasando por el valle de Baca[53] *lo convierten en manantial.* En mi opinión, *el valle de Baca* que se mencio-

---

[52] Isaías 35:6; 41:18.

[53] En hebreo: עֹבְרֵי בְּעֵמֶק הַבָּכָא *ōḇərê bə'êmeq habbāḵā.* El *Targum* lo amplifica y añade la palabra *"gehenna"* traduciendo: *"el valle de la gehenna llorando".* Hebreo *"valle del hijo de Hinom"* גֵּי בֶן־הִנֹּם *gê ḇen-hinnōm* (Josué 15:8; 18:16, 2ª Reyes 23:10, 2ª

na en este salmo es el mismo que el *valle de Bochim*[54], (en hebreo הַבֹּכִים) y que recibió ese nombre porque en él: *"el pueblo alzó su voz y lloró"*, después de haber sido reprendido por el ángel de Jehová a causa de su desobediencia a los mandamientos divinos.[55] Este valle recibe en hebreo el nombre de הַבְּכָאִים *Habb'caim* en 2ª Samuel 5:24 añadiendo a הַבָּכָ "llorar" una א Josefo menciona esta circunstancia y relata la sucedido en sus *"Antigüedades"*, Libro VII. 4. La Versión griega de los LXX o *Septuaginta*[56] traduce הַבְּכָאִים por Κλαυθμών, "lágrimas"; en Jueces 2:1 traduce también הַיְכַבֹם *bôkkîym* por Κλαυθμών; y el valle

---

Crónicas 28:3; 33:6; Jeremías 7:31; 19:2-6; 32:35; Mateo 23:33; Marcos 9:43; Apocalipsis 20:14,15). Aunque es una interpretación que pueda dar lugar a muchas especulaciones, no parece que cuente con mucho fundamento a juicio de los eruditos que se inclinan por el "valle de Bochim" o "valle de las balsameras" de 2ª Samuel 5:23-24.

[54] Jueces 2:1-5.

[55] Jueces 2:4.

[56] Se refiere a la BIBLIA DE LOS SETENTA (LXX), también conocida como *Septuaginta,* o *Versión Alejandrina.* El nombre de Septuaginta se debe a que solía redondearse a 70 el número total de sus 72 traductores, según cuenta la tradición. Es la principal versión en idioma griego por su antigüedad y autoridad. Su redacción se inició en el siglo III a.C. (c. 250 a.C.) y se concluyó a finales del siglo II a.C. (c. 150 a.C). Se cree que fue hecha para los judíos que hablaban griego, pues en esa época eran bastante numerosos en Alejandría, aunque la orden provino del rey Ptolomeo II Philadelfo [284-246 a.C.], monarca griego de Egipto, con destino a la biblioteca de Alejandría. El Pentateuco fue traducido en esa época y el trabajo duró dos o tres siglos. Una escuela de traductores se ocupó de los Salmos, en Alejandría, hacia 185 a.C; después tradujeron Ezequiel, los doce profetas menores y Jeremías. Trataron posteriormente los libros históricos (Josué, Jueces, Reyes), y finalmente de Isaías.

que se menciona aquí en este versículo seis del Salmo 84, lo traduce también por Κλαυθμών. Todos los traductores de la antigüedad coinciden en que el nombre de este *valle de Baca,* "valle de Lágrimas", procede de la palabra hebrea בָּכָה *bâkâh,* "llorar".[57] En consecuencia, yo traduzco el versículo del siguiente modo: *"Pasando por el valle de Bochim, lo convertirán en un manantial de bendición; y será cubierto por las lluvias tempranas"*[58]. Se supone que este salmo fue escrito por Josafat quien probablemente, en su marcha contra los hijos de Amón y de Moab, pasó por el valle de *Bochim,* al parecer un valle completamente árido.[59] Tras su victoria, el ejército de Josafat se juntó en un valle, donde bendijeron al Señor; razón por la cual *"llamaron el nombre de aquel paraje el valle de Beraca"*[60]. Pero probablemente, con anterioridad a esta gloriosa circunstancia, el nombre del *valle de Beraca* fuera el de *valle de Bochim.*

RICHARD DIXON
"A new interpretation of the sixty-eighth Psalm", 1811

---

[57] JOSÉ Mª MARTÍNEZ [1924-] dice al respecto en "Salmos Escogidos": «La palabra *"Baca"* probablemente designa un tipo de árbol que exuda bálsamo (2ª Samuel 5:23). En opinión de Kirkpatrick, el "valle de Baca" o "de las balsameras" era un valle que, a semejanza del "valle de Ela" o "de los terebintos" (1ª Samuel 17:2), y el "valle de Sitim" o "de las acacias", recibió el nombre de los árboles que en él crecían (…) Se dice que las balsameras gustan de terrenos secos, que, por ejemplo se dan profusamente en el árido valle de la Meca; y éste es claramente el punto de referencia. El valle de Baca era un valle desierto sin agua por el que habían de pasar los peregrinos en su ruta hacia Jerusalén; pero la fe lo convierte en un lugar de fuentes».

[58] Ver también Isaías 35:1-7.

[59] 2ª Crónicas 20.

[60] 2ª Crónicas 20:26.

| 45 |

Pasando por el valle de Lágrimas hacen de él, (esto es: "del Señor") *un manantial.* El salmista habla de aquellos creyentes que, con las ideas claras y planes concretos en sus mentes, se ven en la circunstancia fortuita de tener que atravesar en esta vida pruebas y dificultades, pero que lo hacen confiando plenamente en el Señor y buscando su ayuda y dirección en todo momento. Su experiencia será similar a la de aquellos viajeros que se ven en la necesidad de atravesar un árido desierto llevando escaso suministro de agua, pero que no caen presa del pánico ni la ansiedad, porque conocen sus oasis y fuentes ocultas. Como ellos, estos creyentes seguirán avanzando firmes y no desfallecerán, no alcanzarán a sentir fatiga, porque tienen a Dios como su manantial[61] del cual beben constantemente, y ello hace que se mantengan siempre fortalecidos, vivificados y rejuvenecidos.

HERMANN VENEMA [1697-1787]
"Commentarius ad Psalmos", 1762

El valle de Baca. Valle de los *"arbustos de lágrimas"*[62].
ERNS WILHELM HENGSTENBERG [1802-1869]
"Commentary on the Psalms", 1860

Baca. Se refiere a las plantas conocidas como *"árboles del bálsamo",* mencionados en los libros de Samuel y

---

[61] *"Has hecho de él manantial de bendiciones; tu presencia lo ha llenado de alegría"* (Salmo 21:6, NVI).
[62] En el original inglés *"Valley of tear shrubs".* Se refiere probablemente a la planta conocida científicamente con el nombre de *Vallesia Antillana,* (en inglés *"tear shrub"*), un tipo de arbusto de hoja perenne y color anaranjado o amarillo, que tiende a desarrollarse como un árbol y puede llegar a alcanzar los diez metros.

Crónicas,[63] que tienen la facultad de crecer fácilmente en lugares áridos y secos. Como ellas son aquellos creyentes cuyos corazones están afincados en la casa de Dios y participan de su culto en santidad; cuando tienen que atravesar valles áridos en los que no hay más que arena, transforman esa arena en pozos y manantiales. O dicho de otro modo, consideran y ven en esa arena un manantial, pues el verbo hebreo: יְשִׁיתוּהוּ *yəšîṯūhū* de שִׁית *shîyth* significa "poner, establecer, determinar", como se desprende de su uso en otros pasajes.[64] Seguros y confiados en el consuelo que les proporciona constantemente el Dios hacia el cual se dirigen, y que para ellos es como un aguacero de bendición, una lluvia abundante que cae sobre cada palmo de ese terreno adusto que pisan, ven el valle árido y seco repleto de manantiales.

THOMAS PIERSON [1570-1633]
"David's Heart's Desire", 1631

Lo convierten en manantial. Lo que parecía un obstáculo se convierte en ayuda y estímulo. Pues no hay desgracia tan grande, ni situación tan desesperada, que un corazón piadoso no logre, en último término, transformar en caudaloso manantial del extraer agua consoladora: Agua con la que limpiarse y franquearse la vía al arrepentimiento; agua con la que refrescarse y hacer más llevadero el camino de la paciencia; agua para humedecer su rostro y abrirse paso a un mayor crecimiento en la gracia. Y si nuestro pozo interior se seca y no brota ya agua desde abajo, *la lluvia* celestial que procede de *arriba, llenará los estanques,* sí, los estanques y los charcos, supliendo cuanta agua necesitamos. Si nuestras fuerzas naturales no son suficientes para

---

[63] 2ª Samuel 5:23-24; 1ª Crónicas 14:14-15.
[64] Génesis 3:15; Salmo 21:6,12; 83:11,13.

proseguir, se nos añadirán gracias sobrenaturales a fin de que las tribulaciones y angustias de este mundo, que tratan de obstruir con roces nuestro camino hacia a la bendición, dejen de ser obstáculo en nuestro proseguir hacia la ansiada meta; no constituyan impedimento para que alcancemos a convertirnos en ciudadanos de Sión, ni nos impidan acercarnos a la presencia de Dios. No, alma mía, las dificultades son más bien ayudas que te capacitan y permiten, como dice el salmista en el versículo siguiente, cobrar mayores fuerzas, ir *"de poder en poder"*, de fortaleza en fortaleza. De la fortaleza del la paciencia a la fortaleza de la esperanza, de la fortaleza de la esperanza a la de la fe, y mediante la fortaleza de la fe alcanzar la fortaleza de la de la visión; para que tenga en ti justo cumplimiento lo que David afirma en el versículo anterior: *"Bienaventurado el hombre que tiene en ti sus fuerzas, en cuyo corazón están tus caminos"*.

SIR RICHARD BAKER [1568-1645]
"Meditations and disquisitions, upon the seven consolatorie psalmes of David namely, The 23, 27, 30, 34, 84, 103, 116", 1639

Lo convierten en manantial. Así como el valle de Baca, o de las lágrimas, simboliza abatimiento, el *"manantial"* simboliza salvación y consuelo fluyendo constantemente.[65]

ANÓNIMO

Cuando la lluvia temprana llena los estanques. Aunque los peregrinos anden escasos de agua, la poca de que disponen les bastará sobradamente para proseguir. Puede que *"las lluvias tempranas"*, más bien débiles, hayan llenado muy someramente los estanques que encuentran en el camino. Pero ello no les priva de sentirse contentos con el suministro del

---

[65] Compárese con Isaías 12:3; Juan 4:14.

que disponen, tan contentos como si los fuertes aguaceros de otoño los hubieran colmado hasta rebosar. Los peregrinos al cielo no se inquietan por las escasas provisiones a que tengan acceso en la posada terrenal, pues caminan pensando en la abundancia que les aguarda al final de su trayecto. Como tampoco a los fieles israelitas que acudían a celebrar la Pascua les inquietaba la escasez ni las deficiencias del agua en el camino, porque sus mentes y corazones estaban absortos con la idea de llegar cuanto antes a Jerusalén.

ANDREW ALEXANDER BONAR [1810-1892]
"Christ and His Church in the Book of Psalms" 1859

Vers. 6, 7. Para los creyentes, el presente más sombrío resulta claro y brillante. Aunque atraviesen el más temible desierto, lo convierten en región de manantiales, puesto que su esperanza gozosa, y la hermosura infinita de la meta a la que se dirigen, justifica sobradamente cualquier dificultad y aflicción. Y ello les aporta consuelo, les refrigera y fortalece incluso a lo largo de las etapas más áridas.

No sólo porque su fe saca agua de las arenas y de las rocas del desierto; sino porque Dios hace también su parte, mostrándoles su amor y recompensando anticipadamente su fidelidad con una lluvia temprana; una lluvia suave, como la que moja y refresca en otoño los campos sembrados; una lluvia espiritual que desciende desde arriba y envuelve todo el valle de Baca en plenitud de bendición (…) de tal modo que para ellos aún las estepas más áridas se vuelven resplandecientes y se visten de fiesta con un ropaje de flores.[66] No en su apariencia externa, sino espiritual, aunque para ellos no menos real y verdadera. De ese modo, y en contraposición a lo que bajo circunstancias normales sucede con

---

[66] Isaías 35:1-10.

todo viajero, cuyas fuerzas van disminuyendo cada vez más
en proporción a lo que avanza en su arduo camino; con los
creyentes sucede todo lo contrario: según avanzan cobran
más fuerzas, pues van *"de fortaleza en fortaleza"*.

FRANZ JULIUS DELITZSCH [1813-1890]
"Biblical commentary on the Psalms", 1859

**Vers. 7. Irán de poder en poder; verán a Dios en
Sión.**[67] *[Irán de fortaleza en fortaleza; verán a Dios en
Sión.* RVR77] *[Según avanzan los peregrinos, cobran
más fuerzas, y en Sión se presentan ante el Dios de dioses*
NVI] *[Van de poder en poder, cada uno de ellos comparece ante Dios en Sión.* LBLA]

---

[67] La *Septuaginta* o Versión griega de los LXX dice: ἐν ὁ κοιλάς ὁ
κλαυθμών εἰς τόπος ὅς τίθημι καί γάρ εὐλογία δίδωμι ὁ νομοθετέω
πορεύομαι ἐκ δύναμις εἰς δύναμις ὁράω ὁ θεός ὁ θεός ἐν Σιων. Y la
Vulgata (separando y juntando el texto de ambos versículos) traduce:
*"In valle lacrymarum, in loco, quem posuit. Etenim benedictionem
dabit legislator, ibunt de virtute in virtutem: videbitur Deus deorum
in Sion"*, es decir: "Bienaventurado el varón cuyo socorro es de ti;
dispuso subidas en su corazón en el valle de lágrimas, el lugar que
asentó, porque el legislador dará bendición, e irán de fortaleza en fortaleza…". Sobre este giro peculiar del texto griego (que se aparta evi-
dentemente del Texto Masorético) el propio traductor de la *Vulgata*,
JERÓNIMO DE ESTRIDÓN [347-420] comenta lo siguiente: «*"Porque el
legislador dará bendición"*. Puede que alguien se pregunte: ¿Por qué
nos ha puesto el Señor en este valle de lágrimas, lugar de competición
y de conflicto para que compitamos en él cual atletas? ¿Cuál es la
razón por la que desea que nos enzarcemos en la lucha? La respuesta
la encontramos en las palabras del salmista: *"irán de fortaleza en fortaleza"*. El Señor ha querido que este valle de lágrimas sea el estadio
o arena terrenal donde peleemos y demostremos nuestro valor, a fin de
poder recompensar nuestra victoria con una corona en el más allá. (1ª

Irán de fortaleza en fortaleza.[68] Lejos de sentirse cansados, van ganando fuerzas a medida que avanzan.[69] Y

Corintios 9:24-27). *"Porque el legislador dará bendición".* El Legislador divino es quien preside esa competición, y ha dispuesto que contendamos con el propósito de poder bendecirnos. ¡Considerad pues lo que la victoria implica! Nos reta a ganar la victoria aquí para poder recibir la corona allí. ¿Y cuál es esa *"bendición"* que nos concede para que tengamos éxito en la prueba?: *"Irán de fortaleza en fortaleza".* Cuando en la arena de ese valle de lágrimas terrenal mostramos valor en la pelea y damos muestras de fortaleza, nos fortalecemos más y más, vamos *"de fortaleza en fortaleza".* Y fortaleciéndonos aquí, nos fortalecemos también allí. Si no nos mostramos fuertes aquí, no seremos fuertes allí (2ª Timoteo 2:5). El salmista no dice que iremos de debilidad en debilidad, sino de fortaleza en fortaleza. ¿Deseas ser fuerte cuando llegues allí? Entonces, has de serlo primero aquí. ¿Quieres ser coronado allí? Entonces pelea aquí tu batalla con bravura y demuestra tu coraje en esta tierra».

[68] AGUSTÍN DE HIPONA [353-429] hace el siguiente comentario: «*"Irán de fortaleza en fortaleza".* Dios, por medio de la gracia, nos concede en esta vida numerosos dones y fortalezas: *"A cada uno le es dada la manifestación del Espíritu para provecho común. Porque a uno es dada por medio del Espíritu palabra de sabiduría; a otro, palabra de conocimiento según el mismo Espíritu; a otro, fe, en el mismo Espíritu; y a otro, dones de sanidades, en el mismo Espíritu. A otro, el efectuar milagros; a otro, profecía; a otro, discernimiento de espíritus; a otro, diversos géneros de lenguas; y a otro, interpretación de lenguas. Pero todas estas cosas las efectúa uno y el mismo Espíritu, repartiendo a cada uno en particular según su voluntad"* (1ª Corintios 12:7-10). De modo que numerosas y diversas son las fortalezas que nos son concedidas, y todas necesarias, pero todas nos conducen a una sola, la fortaleza por excelencia. ¿Cuál? *"Cristo, poder de Dios, y sabiduría de Dios"* (1ª Corintios 1:24). Él es quien nos concede todas las fortalezas mientras transitamos por el valle de lágrimas que es esta tierra, todas ellas útiles y necesarias, y él es quien nos da la mayor de todas las fortalezas: a sí mismo, para que podamos exclamar con el apóstol: *"Todo lo puedo en Cristo que me fortalece".* (Filipenses 4:13)».

[69] Isaías 41:30.

puesto que ello hace que cada peregrino se sienta más y más feliz, los grupos se hacen también más y más numerosos, y cada uno de los himnos que entonan más pleno y más dulce que el anterior.[70] Cuando nuestra meta es el cielo, en la misma medida que avanzamos hacia ella, crecemos y nos fortalecemos. Cuando consumimos nuestras fuerzas en las cosas de Dios, descubriremos que vuelven a nosotros dobladas.

Verán a Dios en Sión. Sión es la meta final, el propósito de nuestro peregrinaje, el punto de destino donde nos juntamos todos, la delicia de nuestros corazones. Para todo israelita fiel y devoto, el objetivo real y verdadero de su peregrinaje no se limitaba a formar parte de la asamblea, era el de comparecer ante Dios. Y ese debería ser también el deseo noble y sincero de todos aquellos que asisten a los cultos y reuniones en nuestras iglesias hoy en día. Pues a menos que en nuestros cultos constatemos la presencia del Señor, no sirven para nada; si Dios no está presente en la reunión, el mero hecho de juntarnos para compartir, no tiene valor alguno.

C. H. SPURGEON

---

[70] FLAVIO JOSEFO [37-93 d.C.] describe en sus *"Antiguedades"* y con referencia a la época de Salomón, esta misma escena y de hecho la experiencia de peregrinaje descrita en este hermoso salmo, del siguiente modo: «Cumplidas satisfactoriamente todas las solemnidades y no faltando nada por hacer del culto divino, cada cual se fue a su casa, con la venida del rey, a quien antes bendijeron por la atención con que los había tratado y por la obra que había realizado, rogando a Dios que les conservara a Salomón como rey durante muchos años. Se retiraron llenos de júbilo, y riendo y cantando himnos a Dios se olvidaron de las fatigas del viaje» [JOSEFO, Flavio. *Antigüedades de los Judíos,* Libro VIII, capítulo IV, punto 6. Editorial CLIE. Barcelona, España]

Cada uno de ellos comparece ante Dios en Sión. Es decir: Todos aquellos que responden al carácter descrito en los versículos anteriores, *verán a Dios en Sión.* Ante Dios en Sión, de hecho comparecerán todos los seres humanos; pero no para disfrutar de su presencia y recibir de él dones a su favor. La bienaventuranza descrita en los versículos cuatro y cinco no es una bienaventuranza accesible a cualquiera, sino restringida; accesible sólo a los que encajaban en ella por la naturaleza de su carácter y actitudes. Cuanto más seguros estuvieran los peregrinos israelitas de haber alcanzado ese carácter y actitudes, mayores certezas y garantías tenían de alcanzar la bienaventuranza: *cada uno de ellos comparece ante Dios en Sión.* Sí, *cada uno de ellos,* es decir, todos sin excepción; ninguno iba a perecer en el camino devorado por bestias salvajes o atacado por bandidos, o se vería obligado a regresar sobre sus pasos presa del desaliento. Todos alcanzarían su destino y harían acto de presencia en la asamblea, jóvenes y ancianos, fuertes y débiles; respondiendo cada uno con su nombre, y testificando de la bondad del Señor que les levantó del polvo, les trajo a lo largo del camino, y ahora les proporcionaba descanso y satisfacción. Y así será también con todos y cada uno de los verdaderos peregrinos espirituales. Se demostrará que la gracia de Dios siempre es suficiente para preservarlos seguros e inmaculados hasta llegar a su destino, al glorioso reino celestial: Las tribulaciones no los abatirán, las tentaciones no les vencerán, los enemigos espirituales no les destruirán. Serán guardados por el poder de Dios mediante la fe, para alcanzar la salvación que está preparada para ser revelada en el último tiempo.[71] Sus nombres están escritos en el Libro de la Vida del Cordero,[72] y el propio Cordero procurará que ninguno falte uno solo, que todos estén presentes el día en el que habrá que pasar cuentas. Entonces podrá decir: *"a los que me diste, yo los guardé, y ninguno de ellos se perdió",*[73] y por tanto *"cada uno de ellos comparece ante Dios en Sión".*

WILLIAM MAKELVIE [1800-1863]
"The Valley of Baca", sermón sobre el Salmo 84:5-7.

Vers. 8. *Jehová Dios de los ejércitos, oye mi oración; escucha, oh Dios de Jacob. Selah. [Jehová Dios de los ejércitos, oye mi oración; escucha, oh Dios de Jacob. Selah. RVR77] [Oye mi oración, Señor, Dios Todopoderoso; escúchame, Dios de Jacob. Selah. NVI] [¡Oh Señor, Dios de los ejércitos, oye mi oración; escucha, oh Dios de Jacob! LBLA]*

¡Oh Señor, Dios de los ejércitos, oye mi oración! Concédeme el privilegio de alcanzar mi destino y llegar a tu casa. Y si esto no es posible, haz por lo menos que mi clamor sea escuchado. Sé que atiendes la súplica comunitaria de tu santos, pero te pido que no cierres tus oídos a mi petición individual hecha en solitario, por muy indigno y poco merecedor que yo sea.[74]

---

[71] 1ª Pedro 1:5.
[72] Apocalipsis 3:5.
[73] Juan 17:12.
[74] Dice JOSÉ Mª MARTÍNEZ [1924-] en "Salmos Escogidos": «Al llegar al v. 8 tenemos la impresión de hallarnos ante un corte abrupto. ¿Qué tiene que ver lo expresado anteriormente en el salmo y la oración intercesoria a favor del rey, al que sin duda se refiere el *"ungido"* del v. 9? MacLaren sugiere que la súplica tiene sentido si

¡Escucha, oh Dios de Jacob! Pues aunque seas *Jehová de los Ejércitos,* eres también *Dios de Jacob,* Dios del pacto para todos aquellos que como Jacob te imploran en solitario. Presta oído, por tanto, a mi lastimera petición. Pues el grueso del grupo de peregrinos con el que viajaba ha partido ya hacia escenarios mejores; pero yo sigo aquí, luchando contigo en solitario; y te ruego que me bendigas; pues estoy resuelto a agarrarme a ti y no soltarte hasta que otorgues a mi alma palabra de gracia.[75] La duplicidad y repetición de la súplica: *"Oye", "Escucha",* demandando respuesta a su oración, denota sus ansias extremas de lograr la bendición a toda costa. ¡Qué misericordia tan grande saber que, cuando ocasionalmente no podemos juntarnos con otros creyentes y compartir con ellos, seguimos disfrutando de línea abierta de acceso directo para hablar y compartir con el Maestro!

Selah. Después de un grito de súplica tan vehemente, y de una oración tan fervorosa y entusiasta, era imprescindible hacer una pausa.

C. H. Spurgeon

¡Oh Señor, Dios de los ejércitos, oye mi oración; escucha, oh Dios de Jacob! Esta corta oración contiene dos conceptos de gran valor para el cristiano: (1) el sentimiento de la *majestad divina,* y (2) el conocimiento y consciencia de la *relación divina.* La expresión *"Señor, Dios de los ejércitos",* certifica que la oración va dirigida al Todopo-

---

aceptamos que el autor del salmo fue un compañero del rey David en su huida de Absalón. El deseo del poeta de volver a Jerusalén y al santuario sólo se cumpliría si el rey, ahora fugitivo, regresaba a Sión y recuperaba su trono».

[75] Génesis 23:26.

deroso; el enunciado: *"Dios de Jacob"*, atestigua que su bondad y misericordia son infinitas para con su pueblo.

JOHN SPENCER [1559-1614]
"Things New and Old", 1658

¡Oh Señor, Dios de los ejércitos, oye mi oración; escucha, oh Dios de Jacob! De este versículo aprendemos tres cosas:

1. *Que la oración no está confinada o circunscrita al Santuario.* David, aún desde su destierro, exclama: *"Oye mi oración"*.
2. *Que su ayuda no está restringida o limitada al Santuario.* El *"Dios de los Ejércitos"* está presente el desierto del mismo modo que lo en su tabernáculo.
3. *Que su gracia no se ciñe o localiza en el Santuario.* También aquí, en el desierto sigue siendo el Dios de pacto, el *"Dios of Jacob"*.

GEORGE ROGERS [1798-1891]

Vers. 9. **Mira, oh Dios, escudo nuestro, y pon los ojos en el rostro de tu ungido.** *[Mira, oh Dios, escudo nuestro, y pon los ojos en el rostro de tu ungido. RVR77] [Oh Dios, escudo nuestro, pon sobre tu ungido tus ojos bondadosos. NVI] [Mira, oh Dios, escudo nuestro, y contempla el rostro de tu ungido. LBLA]*

Mira, oh Dios, escudo nuestro, y pon los ojos en el rostro de tu ungido. Tenemos aquí la oración nacional del pueblo en favor de David; y en paralelo, la oración de todos los creyentes por el Hijo de David. Pues basta con que el Señor ponga su mirada sobre Jesús, para que nosotros quedamos de inmediato protegidos de todo mal; basta con que Dios contemple

| 56 |

el rostro de su Ungido, para que nosotros podamos contemplar con gozo la faz divina. Pues también nosotros hemos sido ungidos por la gracia del Señor, y nuestro deseo es que nos contemple una mirada amorosa en Cristo Jesús. Cuando estamos en el mejor lugar, nuestras mejores oraciones son para nuestro Rey glorioso, y para disfrutar de la sonrisa de su Padre.[76]

C. H. SPURGEON

Mira, oh Dios, escudo nuestro, y pon los ojos en el rostro de tu ungido. En materia de fe, mientras muchos se contentan desgraciadamente con meros formulismos y otros con el áspero debate doctrinal, bien sea este a alto nivel teológico o a nivel de calle; el verdadero creyente no se conforma con menos que con Cristo mismo. Pues sólo la relación directa con Cristo y el conocimiento profundo de su persona aporta al alma fuerzas y alegría. La petición del salmista *"pon los ojos en el rostro de tu Ungido"*, es algo que podemos y debemos exclamar libremente en todo momento y bajo cualquier circunstancia. No siempre estamos en condiciones de decir: *"pon tus ojos en nosotros"*, pero siempre nos queda el recurso de exclamar:

---

[76] JOSÉ Mª MARTÍNEZ [1924-] en "Salmos Escogidos" nos hace notar que el término hebreo מָגִנֵּנוּ *māğinnênū* al comienzo de la frase, puede traducirse como *"escudo nuestro"* aplicándolo no a Dios sino al rey, lo cual daría por vía de sinonimia el siguiente texto: *"Oh Dios, mira a nuestro escudo, pon tus ojos en el rostro de un ungido"*: «Ambas traducciones son posibles y ambas tienen su equivalente en la realidad. Dios es el escudo de su pueblo; pero también su "ungido" es escudo para la comunidad sagrada. Hay un filón de pensamientos solemnes en el hecho de que el siervo de Dios puede –y debe– ser un medio de defensa a favor de sus hermanos».

"pon tus ojos en él". Aún cuando estemos sumidos en la más profunda tristeza provocada por nuestro fracaso evidente y consciente; o zarandeados por turbulentas pruebas y dificultades, siempre nos cabe el recurso, por la fe en su nombre, de alegar ante Dios que no nos mire a nosotros, sino que ponga los ojos en el rostro de su Ungido. Pues contemplándolo a él, resucitado de entre los muertos y exaltado a la gloria de su diestra en el cielo, Dios siempre se declarará satisfecho; y a través de él nos contemplará a nosotros, pese a nuestras deficiencias, como lo más exclusivo y amado de su corazón. La fe verdadera no se apoya ni en reflexiones teológicas, ni en emociones internas, sino únicamente en el valor del sacrificio de Cristo, y en la *positiva valoración* que Dios hace de él. Aquello que, por así decirlo, calificamos como fe legalista o formalista, descansa en la habilidad de su propia mente para juzgar las cosas. Confía en sí misma. En esto radica precisamente la distinción fundamental entre fe aparente, y fe verdadera.

JOHN SPENCER [1559-1614]
"Things New and Old", 1658

Vers. 10. *Porque mejor es un día en tus atrios que mil fuera de ellos. Escogería antes estar a la puerta de la casa de mi Dios, que habitar en las moradas de maldad.* [*Porque mejor es un día en tus atrios que mil fuera de ellos. Escogería antes estar a la puerta de la casa de mi Dios, que habitar en las moradas de iniquidad.* RVR77] [*Vale más pasar un día en tus atrios que mil fuera de ellos; prefiero cuidar la entrada de la casa de mi Dios que habitar entre los impíos.* NVI] [*Porque mejor es un día en tus atrios que mil fuera de* *ellos. Prefiero estar en el umbral de la casa de mi Dios que morar en las tiendas de impiedad. LBLA]*

Porque mejor es un día en tus atrios[77] *que mil fuera de ellos.* Con independencia del lugar, y bajo las más favorables circunstancias (disfrutando los más deleitosos goces terrenales), nada es comparable, ni aún bajo un factor de múltiplo "uno a mil",[78] al placer que proporciona poder servir a Dios un solo día. Experimentar su amor, regocijarnos en la persona del ungido Salvador, escrutar las promesas divinas y sentir en nosotros el poder del Espíritu Santo, aplicando a nuestra alma sus preciosas verdades; nos aporta un gozo indescriptible que las personas mundanas no pueden entender, pero que embelesa a los creyentes verdaderos. Un mero vislumbre, un atisbo fugaz del amor de Dios, es infinitamente mejor que siglos enteros malgastados en los placeres de los sentidos.

Escogería antes estar a la puerta de la casa de mi Dios, que habitar en las moradas de iniquidad. La versión inglesa KJV traduce: *"prefiero estar de portero en la casa de Dios.*[79] El más bajo escalón laboral, la posición más humilde en la casa de Dios, es mucho más valioso que el cargo más encumbrado en medio de los impíos. El simple hecho de aguardar junto al umbral de la puerta, y desde allí echar de cuando en cuando una

---

[77] En hebreo בַּחֲצֵרֶיךָ *baḥăṣêreḵā* de חָצֵר *châtsêr,* "pórtico, atrio, umbral".

[78] La comparación "de uno a mil" es habitual en el lenguaje bíblico para recalcar el énfasis. Véase al respecto Deuteronomio 32:30; Josué 23:10; Isaías 30:17; Salmo 90:4

[79] Schökel indica que הִסְתּוֹפֵף *histōwpêp̄* de סָף *saphaph,* "umbral", es caso único. Como si en español dijéramos *"umbralear",* "escogería antes *umbralear* en la casa de mi Dios", y podría aludir a los sacerdotes-centinelas mencionados en 2ª Reyes 12:8-15.

mirada furtiva para ver a Jesús, es ya motivo de la mejor felicidad. Transportar cargas y abrir puertas para el Señor, es más honorable que reinar entre los impíos. Y al respecto cada uno ha de tomar su propia decisión y escoger. Lo peor de Dios es mucho más valioso que lo mejor del diablo. La piedra del umbral de la casa de Dios, es mejor lugar para descansar que las mullidas camas de los fastuosos pabellones de los magnates pecadores, aunque en ellas podamos permanecer tumbados durante toda una vida de lujos y comodidades. Fijémonos bien en cómo el salmista llama al tabernáculo "la casa de *mi* Dios", pues ahí es de donde parte toda la dulzura: Si Jehová es *nuestro* Dios, entonces, su casa, sus altares, incluso el umbral de la puerta, se convierte para nosotros en precioso. Pues sabemos por experiencia que hasta el patio exterior de la casa donde Jesús habita supera con creces los más lujosos salones, pero en los que el Hijo de Dios permanece ausente.

C. H. Spurgeon

Un día. Para el hombre que tiene a Dios como porción,[80] una mirada pasajera, una sola palabra amable, un sencillo presente o manifestación de amor por parte de él; es lo más valioso que pueda existir: *"Mejor es un día en tus atrios que mil fuera de ellos".* No dice *mejor es un año en tus atrios que mil fuera de ellos,* sino que afirma tajantemente que *un solo día* en tus atrios es mejor que mil en cualquier otro lugar. No dice *un trimestre* en tus atrios es mejor que mil en otro lugar, sino que *mejor es un día en tus atrios que mil fuera de ellos.* No dice *un mes* en tus atrios es mejor que mil en otro lugar, sino que *mejor es un*

---

[80] Salmo 16:5; 73:26; 119:57; Lamentaciones 3:24.

día en tus atrios que mil fuera de ellos. ¿Por qué? Para demostrar con claridad absoluta y dejar fuera de toda duda, que para el hombre que tiene a Dios como su porción, aún lo más insignificante de Dios excede en valor a todas las demás cosas.[81]

THOMAS BROOKS [1608-1680]
"A Matchless Portion; Or, The Best Wine Reserved
Till Last", 1662

Porque mejor es un día en tus atrios que mil fuera de ellos. Otra señal inequívoca que identifica al verdadero creyente como hijo de Dios, es deleitarse permaneciendo largo tiempo en la presencia divina. Los hijos han de estar en la presencia de su Padre; allí donde está presente el Rey, está la corte; allí donde Dios está presente, está el cielo. Dios está presente de modo especial en sus ordenanzas y sacramentos, que son el Arca de su presencia. Por tanto, si somos verdaderamente hijos suyos, nos deleitaremos de tomar parte en los deberes santos. Por me-

---

[81] Dice al respecto AGUSTÍN DE HIPONA [353-429]: «*"Mejor es un día en tus atrios que mil fuera de ellos"* ¿Y qué atrios son esos? Los mismos por los que suspiraba y desfallecía al comienzo del salmo exclamando: *"Anhelo con el alma los atrios del Señor; casi agonizo por estar en ellos".* Y ahora añade que "mejor es un solo día dentro que mil fuera de ellos". Los seres humanos anhelan ardientemente alargar su vida, que al fin y al cabo no va más allá de unos pocos millares de días, y con tal de añadir unas cuantas jornadas a su existencia, agonizan. ¡Más les valdría olvidarse de sus vanos esfuerzos en prolongar su vida y suspirar con mayor anhelo por ese día único que no tendrá ni amanecer ni ocaso, el día eterno, que no cuenta con un ayer que lo precede ni tiene por delante un mañana que lo apresura. Deseemos pues con el salmista ese único día. Pues ¿qué nos importan unos pocos millares de días pasajeros cuando sabemos que nos aguarda el día eterno?».

dio de las ordenanzas nos acercamos a Dios, acudimos a la presencia de nuestro Padre; y por medio de la oración establecemos con él una conversación secreta, pues cuando el alma ora, es como si conversara y debatiera las cosas con Dios. A través de la lectura de la Palabra, Dios nos habla a nosotros desde el cielo. ¡Y cuánto se deleita todo el que es hijo de Dios en escuchar de ese modo la voz de su Padre! En el sacramento Dios besa a sus hijos con un beso de sus labios; les regala una sonrisa de su rostro, y estampa en ellos el particular sello de su amor: Oh, qué cosa tan buena y deleitosa es acercarse a Dios de ese modo. Tan dulce resulta estar en su presencia, que todo verdadero hijo de Dios debería exclamar sin dudarlo un instante: *"Mejor es un día en tus atrios que mil fuera de ellos"*.

THOMAS WATSON [1620-1686]
"A Body of Practical Divinity", 1692

Escogería antes estar a la puerta de la casa de mi Dios. Algunos lo traducen de la siguiente forma: *"Prefiero estar atado a un poste en la casa de Dios, que morar libremente en las tiendas de maldad"*. Una traducción que alude directamente a las leyes mosaicas sobre los esclavos, que cuando alcanzaban el derecho a reclamar su libertad, si decidían quedarse con su amo por propia voluntad, éste los ataba a un poste y les taladraba la oreja.[82] David amaba tanto a su Señor y su obra, que elige quedar atado a su servicio de manera permanente, para siempre; y con ello, sentirse más libre para participar en él. No libre para abandonarlo, para alejarse de él, no: elige voluntariamente las argollas y ataduras del deber a Dios, antes que la libertad

---

[82] Éxodo 21:5-6.

del pecado; pues para el salmista ninguna opción de libertad era comparable a la comunión con Dios.

MATTHEW HENRY [1662-1714]
"Commentary on the Whole Bible", 1811

Prefiero cuidar la entrada de la casa de mi Dios. Si Cristo es simbólicamente la Puerta,[83] David se contenta con el oficio de portero. Pues aunque en la casa de Dios hay muchas moradas, al ser todas ellas esplendorosas, incluso el oficio de portero implica una porción muy importante de gloria. Y si acaso pensáis que tal puesto es poco digno, meditad bien en la categoría que le corresponde; pues en la casa de Dios hasta un simple portero es un alto dignatario. Mientras en las cortes de los príncipes terrenales vemos con frecuencia cómo los más altos dignatarios son degradados, Dios nunca desplaza a sus dignatarios a menos que sea para elevarlos a una posición superior.

SIR RICHARD BAKER [1568-1645]
"Meditations and disquisitions, upon the seven consolatorie
psalmes of David namely, The 23, 27, 30, 34, 84, 103, 116", 1639

Prefiero cuidar la entrada de la casa de mi Dios. Felices aquellos a quienes Dios utilice de escobas para barrer el polvo del suelo su templo; o que boguen los remos de la barca en la que navegan Cristo y su Iglesia.

WILLIAM SECKER [¿?-1681]
"The nonsuch professor in his meridian splendor: or, The
singular actions of santified christians", 1660

---

[83] Juan 10:9.

Prefiero cuidar la entrada de la casa de mi Dios. El salmo va dedicado a los hijos de Coré. Y esos coreítas, a la vez que virtuosos e inspirados cantores en los coros de Israel, eran de hecho los porteros del tabernáculo: *"tuvieron a su cargo la obra del ministerio, guardando las puertas del tabernáculo, como sus padres guardaron la entrada del campamento de Jehová".*[84]

JACQUES BÉNIGNE BOSSUET [1627-1704]
"Commentaire sur les Psaumes", 1691
citado por JOHN MASON NEALE [1818-1866] y RICHARD
FREDERICK LITTLEDALE [1833-1890]
en *"Commentary on the Psalms from Primitive and
Mediæval Writers",* 1869

Escogería antes estar a la puerta de la casa de mi Dios. La versión inglesa KJV, en una nota marginal más literal al hebreo indica: *"Prefiero sentarme en el umbral de la casa de mi Dios",* en lugar de: *"escogería antes ser portero en la casa de mi Dios",* que es lo que traduce el texto. Así también la traducción de Ainsworth[85] es: *"He*

---

[84] 1ª Crónicas 9:19.

[85] Se refiere a HENRY AINSWORTH [1571-1622], teólogo inglés no conformista, nacido en Swanton Morley, Norfolk, educado en el *Caius College* de Cambridge y posteriormente exilado y afincado en Ámsterdam. Erudito y reconocido especialista en hebreo bíblico, fue autor de numerosas obras, entre las que destacan sus traducciones anotadas o comentarios a *Génesis* (1616); *Éxodo* (1617); *Levítico* (1618); *Números* (1619); *Deuteronomio* (1619) *Salmos* (incluyendo una versión métrica, 1612); y el *Cantar de los Cantares de Salomón* (1623). Su obra *Psalms, The Book of Psalms: Englished both in Prose and Metre with Annotations* [Ámsterdam, 1612], que incluye en una separata treinta y nueve melodías monofónicas de salmos, es conocida como el *Ainsworth Psalter*, "El Salterio de Ainsworth", único libro de música que los peregri-

escogido sentarme en el umbral en la casa de mi Dios";
y la del Dr. Boothroyd[86] *"Permanecer, o sentarme, en el umbral".*[87] En todos estos pasajes la lectura marginal es "umbral". En mi opinión, la traducción por: *"guardián de la puerta"* o *"portero",* no transmite propiamente el significado de: בָּחַ֫רְתִּי הִסְתּוֹפֵף בְּבֵית *bāḥartî histōwpēp bəḇêṯ* "sentarse en el umbral". El concepto que el salmista trata de comunicar tiene que ver con la idea de una situación de extrema humildad; mientras que ser guardián de la puerta era un puesto de gran responsabilidad en la cultura oriental, valorado, respetado, de suma confianza y gran estima. En cambio, *"sentarse en el umbral"* sí era una situación de profunda humillación. En el templo, los paganos devotos se sentaban en el umbral. O por ejemplo el caso de los mendigos, a los que siempre se describe como sentados o postrados en el umbral de la puerta.[88]

JOSEPH ROBERTS [1795-1849]
"Oriental Illustrations of the Sacred Scriptures", 1835

Prefiero estar en el umbral de la casa de mi Dios que morar en las tiendas de impiedad. Observemos el remarcado contraste entre estas expresiones: *Casa, tiendas.* La *casa* es del Señor; las *tiendas* son de impiedad. Los place-

---

nos puritanos llevaron a Nueva Inglaterra en 1620, posteriormente revisado y convertido en el *Bay Psalm Book*, y que tuvo una influencia fundamental en la primitiva salmodia norteamericana.

[86] Se refiere a BENJAMIN BOOTHROYD [1768-1836], pastor y reconocido erudito en las lenguas bíblicas, traductor de la versión de la Biblia conocida como *"A new family Bible, and improved version",* 1817.

[87] Ver al respecto 2ª Reyes 12:9; 22:4; 25:18; 1ª Crónicas 9:19; 2ª Crónicas 23:4; Ester 2:21; 6:2.

[88] Lucas 16:20; Hechos 3:2.

res del pecado son pasajeros, sólo duran por un tiempo; el mundo pronto pasa y perece, y sus lujurias perecen junto con él. Pero la *casa* del Señor es permanente.

ARTHUR PRIDHAM [1815-1879]
"Notes and Reflections on the Psalms", 1869

Las tiendas de impiedad. No está hablando de tiendas ordinarias o cualesquiera; por el contraste de la frase se sobreentiende que se trataba de tiendas ricas, lujosas, poderosas, tiendas de gran esplendor.

HERMANN VENEMA [1697-1787]
"Commentarius ad Psalmos", 1762

Vers. 11. *Porque sol y escudo es Jehová Dios; gracia y gloria dará Jehová. No quitará el bien a los que andan en integridad.* *[Porque sol y escudo es Jehová Dios; gracia y gloria dará Jehová. No quitará el bien a los que andan en integridad.* RVR77] *[El Señor es sol y escudo; Dios nos concede honor y gloria. El Señor brinda generosamente su bondad a los que se conducen sin tacha.* NVI] *[Porque sol y escudo es el SEÑOR Dios; gracia y gloria da el SEÑOR; nada bueno niega a los que andan en integridad.* LBLA]*

Porque sol y escudo es el Señor Dios. Los peregrinos que van al cielo precisan de ambas cosas. Por un lado, el frío les golpearía con crudeza causándoles graves daños de no ser por el sol y sus rayos benefactores. Y por otro, enemigos emboscados buscan constantemente la forma de atacar la sagrada caravana, y con gusto la aniquilarían de no ser porque cuentan con la protección de un escudo; nunca están sin consuelo o desprotegidos. Israel, la nación peregrina, dispuso de ambas cosas, sol y escudo, en la nube llameante que les precedía en su peregrinaje y que era el símbolo de la presencia de Jehová.[89] Y todo cristiano sigue hallando ambas cosas en el Señor su Dios: Sol y Escudo. Sol en los días felices y Escudo en los peligrosos. Claridad sobre su cabeza y protección a su alrededor. Luz para mostrarle el camino y escudo para protegerlo de los peligros. Dichosos aquellos que viajan como parte de tan privilegiado convoy; ya que para ellos ambos lados de la vida, tanto la cara resplandeciente como la oscura, son igualmente felices.

Gracia y gloria da el Señor.[90] Y ambas a su debido tiempo; cuando y según se necesitan, ambas en plenitud, y con certeza absoluta. De las dos, *gracia* y *gloria*, dispone el Señor en abundancia infinita. Jesús es la plenitud de ambas, y por tanto nosotros, como pueblo suyo escogido, las recibiremos como don gratuito de parte del Dios de nuestra salvación.[91] ¿Qué otra cosa mejor puede el Señor darnos o nosotros desear y esperar de él?[92]

---

[89] Éxodo 13:21; 33:9-10; Números 9:15; 14:14; Deuteronomio 1:33; Nehemías 9:12; Salmo 78:14; 105:39.

[90] JOSÉ Mª MARTÍNEZ [1924-] en "Salmos Escogidos" traduce: *"él da gracia y honor".* Dice al respecto: «Esta traducción del texto es más clara que *"gracia y gloria",* la cual aparece en algunas versiones y sugiere ideas ajenas al pensamiento del autor. Lo que éste quería expresar es que Dios concede generosamente sus favores a quienes le temen y que tales favores son un signo de distinción y honor, en conformidad a las palabras de Dios mismo: *"Yo honro a los que me honran"* (1ª Samuel 2:30)».

[91] Isaías 12:1-6.

[92] Dice al respecto AGUSTÍN DE HIPONA [353-429]: «¿A qué gracia se refiere fuera de aquella respecto a la que Pablo exclama: *"Por la gracia de Dios, soy lo que soy"* (1ª Corintios 15:10) ¿Y qué gloria fuera de aquella sobre la que afirma: *"Me está guardada la corona*

Nada bueno niega a los que andan en integridad. La gracia hace que andemos en integridad. Y con ello nos garantiza todas las bendiciones del Pacto. ¡Qué promesa tan amplia! Puede que eventualmente y en circunstancias determinadas nos prive de algún bien innecesario, pero jamás de algo necesario; no, en absoluto, de ninguno, ni siquiera de uno, pues: *"Todas las cosas son vuestras, y vosotros de Cristo, y Cristo es de Dios".*[93] Dios es el poseedor de todos los bienes, fuera de él no hay bien alguno, como tampoco hay bien que precise retener para sí. Por tanto, si estamos dispuestos a recibirlo, no hay bien del que tenga necesidad de privarnos, ni que rehúse concedernos. Sólo nos exige que nos mantengamos en integridad y no cedamos a ninguna clase de maldad. Y esta integridad debe ser, como nos dice el salmista, de naturaleza práctica: Debemos *andar* en verdad y en santidad. Entonces seremos herederos de todas las cosas, y en la medida en que vayamos alcanzando la madurez, todas las cosas estarán en nuestra posesión. Entretanto, según sea nuestra capacidad para recibir, así será también la medida del otorgamiento divino. Esto es algo indubitable, y no respecto a unos pocos favorecidos, sino a todos los creyentes sin exclusión alguna y para siempre jamás.

C. H. SPURGEON

Porque sol y escudo es Jehová Dios. Aún considerando al sol únicamente en sus funciones físicas básicas, como fuente de luz y calor,[94] la figura utilizada aquí por el salmis-

---

de justicia, la cual me dará el Señor, el juez justo, en aquel día" (2ª Timoteo 4:8)».

[93] 1ª Corintios 3:22-23.

[94] Véase Deuteronomio 33:2; Isaías 60:62, NVI.

ta comparando al Señor con el sol o aurora, transmite una verdad tan impresionante como impactante. ¡Pero cuánto más se refuerza esa figura cuando aprendemos de la astronomía que el Sol es el gran centro gravitatorio de nuestro sistema planetario; y cuando consideramos que el Sol es la fuente de toda energía que existe en el mundo! Pues el viento que empuja por encima de las profundidades de los mares y océanos el comercio entre una nación y otra, ha sido caldeado previamente por el sol, dando lugar a las corrientes de aire que sopla en las velas. Los ríos, torrentes y arroyos que descienden impetuosos de las montañas, proporcionan la energía que muele nuestro grano, mueve nuestros telares y hace girar nuestras fraguas; pero sólo porque el sol calentó las aguas del océano desprendiendo de ellas vapor de agua, que depositado sobre las cumbres de las montañas en forma de copos de nieve, y convertido posteriormente en agua, regresa a su lugar de origen aportando en su camino la energía necesaria para todo ello. La energía expansiva del vapor que mueve los motores y poleas de nuestras fábricas procede del carbón: los restos de enormes bosques y selvas enterrados bajo tierra y convertidos en fósiles; o de la madera seca que abunda en nuestros bosques. Pero todos estos árboles, talados para hacer leña o convertidos en fósiles y carbón, extraen la sustancia que les da vida del sol: son los rayos del sol los que permiten lo que conocemos como fotosíntesis, la conversión de energía luminosa en energía química estable, que permite a los vegetales vivir y crecer. Incluso la energía que procede de la fuerza de los animales de tiro tiene, en última instancia, su origen en el sol, pues los animales sacan su fuerza de los vegetales que consumen, y estos del sol cuyos rayos determinan su crecimiento.[95] Cada vez que levantamos el brazo, cada paso que damos, lo hacemos gracias a la energía que el sol nos ha proporcionado. Cuando subimos a un vagón de tren, debemos recordar que es el sol el que, de manera primaria, aporta la energía que lo arrastra. Ya sea que las gentiles brisas primaverales acaricien nuestras mejillas, o que un tornado imparable arrase con su furia todo un pueblo, ambos son subsidiarios del sol. ¡Qué figura, pues, tan acertada y sublime para describir a Aquel en quien vivimos, nos movemos y somos![96]

WILLIAM HENRY GREEN [1825-1900]
"The value of physical science in the work of education: an address delivered July 25th, 1865, upon laying the corner-stone of the Jenks Chemical Hall at Lafayette College", 1865

Porque sol y escudo es Jehová Dios; gracia y gloria dará Jehová. No quitará el bien a los que andan en integridad. El *sol,* la más destacada de entre todas las criaturas inanimadas, personifica aquí toda expresión de excelencia, provisión y prosperidad. El *escudo,* el principal entre los distintos artefactos de fabricación humana, personifica toda forma de protección. Bajo la palabra *gracia* se arropa toda bondad espiritual; y bajo el término *gloria,* todo bien eterno. La última cláusula: *"no quitará el bien",* hace referencia a todos los bienes temporales. Y el versí-

---

[95] Cuando el profesor Green escribió estas palabras el petróleo estaba en sus comienzos como fuente básica de energía, y por tanto no lo menciona. Pero su reflexión sigue siendo igualmente válida, pues se trata de una energía de procedencia fósil, como el carbón. Lo mismo vale para la energía eléctrica producida con carbón, petróleo o presas de agua durante muchos años. Y más aún, de la energía eólica o la fotovoltaica.
[96] Hechos 17:28.

culo entero, es decir, en su conjunto, nos habla de Dios como nuestra porción completa y todo suficiente.

THOMAS BROOKS [1608-1680]
"A Matchless Portion; Or, The Best Wine Reserved Till Last", 1662

Porque sol y escudo es Jehová Dios. Es *"escudo"* que nos protege como personas: *"No toquéis* –dice– *a mis ungidos, ni hagáis mal a mis profetas"*[97]. *"El Señor guardará tu salida y tu entrada desde ahora y para siempre"*[98]. Y dice Moisés en su nombre: *"Pues a sus ángeles mandará acerca de ti, que te guarden en todos tus caminos, en las manos te llevarán, para que tu pie no tropiece en piedra"*[99]. *"¿Has considerado a mi siervo Job?, dijo Jehová a Satanás* (...) *Sí, respondió éste, ¿No le has cercado alrededor a él y a su casa y a todo lo que tiene?"*[100]. Sí, hermanos, Jehová Dios es un escudo, es *nuestro* escudo; es *escudo* a nuestras *gracias.* Cuando nos convertimos, quedando bajo la influencia divina, a Satanás le molesta en gran manera, y desata contra nosotros toda su malicia. *"Simón, Simón,* –dijo nuestro Salvador– *he aquí Satanás os ha pedido para zarandearos como a trigo; pero* –añade– *yo he rogado por ti, que tu fe no falte"*[101]. El Señor tuvo que proteger su fe con un escudo, pues de lo contrario ésta se hubiera desvanecido por completo. Recordad el caso de *Poca Fe* en la alegoría de John Bunyan *"El Progreso del Peregrino"*: **Esperanza** se sorprende de que los salteadores no le hubieran despojado de sus joyas, y se

[97] Salmo 105:15.
[98] Salmo 121:8.
[99] Salmo 91:11-12.
[100] Job 1:8-10.
[101] Lucas 22:31-32.

extraña de que no le arrebataran el pergamino con el que debía franquear su entrada por la puerta Celestial; y *Cristiano* le da ha entender que no fue gracias a sus propias habilidades, sino porque estaba bajo la protección divina.[102] Y así será también contigo, creyente, el Señor será el *"escudo"* que protegerá tu esperanza cuando se acerque el momento en que tengas que entregar tu espíritu (...) Sí, y *"escudo"* que proteja también *tus posesiones: "¿No le has cercado alrededor a él y a su casa y a todo lo que tiene?"*[103]. A pesar de ser sometido por un tiempo a duras pruebas, los bienes y propiedades de Job no sufrieron merma alguna, sino todo lo contrario, todo lo que le fue quitado temporalmente le fue restituido al doble;[104] y además, en el proceso adquirió en experiencia, conocimiento y gracia, un tesoro de valor incalculable.

MATHEW WILKS [1746-1829]

Porque sol y escudo es Jehová Dios. Prestad atención a esta combinación: El Señor es mi *"sol"* y *"escudo"*. Como *"sol"* ilumina mi pecaminosidad más y más, mostrándomela; pero como *"escudo",* me aporta el poder para enfrentarme a ella, y la seguridad de que saldré vencedor. Como *"sol",* realza la enormidad de mi culpa hasta que me veo obligado a exclamar: *"Porque mis iniquidades se han agravado sobre mi cabeza; como carga pesada se han agravado sobre mí"*[105]; pero luego como *"escudo"* me muestra que esa carga insoportable (mis iniqui-

---

[102] *"El Progreso del Peregrino",* Capítulo XVII. Publicado en español por Editorial CLIE.
[103] Job 1:10.
[104] Job 42:10.
[105] Salmo 38:4.

dades) ha sido depositada sobre una Certeza (Cristo) que me libra de ella arrojándola a la tierra del olvido. Como *"sol"*, pone de manifiesto la imposibilidad de que por mí mismo obre en justicia; pero luego como *"escudo"*, liga constantemente mis pensamientos a la justicia de su Hijo, que transfiere sus méritos a todos aquellos que creen en su nombre.[106] Como *"sol"*, (iluminando tanto mi posición como la de mis enemigos) me hace consciente de mi realidad humana, lo que me haría descartar cualquier esperanza de liberación si no fuera él también *"escudo"*. Así, siendo a la vez *"sol"* y *"escudo"*, las revelaciones desalentadoras que me hace como *"sol"* me preparan para las bendiciones que me imparte como *"escudo"*. ¿Quién podría asombrarse por tanto, que tras haber proclamado de ese modo el carácter de Dios, el salmista prorrumpa a continuación en exclamaciones de seguridad y confianza?

Sin embargo, como la corrupción de mi naturaleza me es presentada continuamente,[107] cada vez más profunda y oscura, puede que Satanás me acose con la sugerencia de que «Mi *pecado está demasiado arraigado para poder erradicarlo, y mi iniquidad demasiado grande para ser perdonada*».[108] Y si Dios fuera únicamente *"sol"*, me resultaría muy difícil descartar tal sugerencia como lo que es: un recurso del padre de las mentiras. Podría entonces caer en el temor. Podría temer a la santidad divina, pensando que jamás alcanzaré la plena comunión con Dios; podría temer a la justicia divina, pensando que mi absolución en el juicio final es imposible. Pero ¿cómo temer alguna, si además de *"sol"* Dios es también *"escudo"*? ¿Puedo temer a la justicia de divina cuando Él, como *"es-*

---

[106] Juan 1:12; Romanos 8:1.
[107] Por el *"sol de Justicia"*, Malaquías 4:2.
[108] Génesis 4:13, RVA.

cudo", coloca a mi favor en la balanza los sufrimientos de Cristo, que satisfacen todas las exigencias de la ley y cubren hasta el último de mis delitos? ¿Puedo temer su santidad, sabiendo que me hace parte de una obediencia perfecta que cumple con todo precepto? ¿No me ayuda una de estas dos características, la de *"escudo"*, a solventar todas las exigencias y demandas que la otra característica, la de *"sol"*, saca a la luz? ¿Y no estaré viviendo por debajo de mis posibilidades y menospreciando mis privilegios, cuando de esta combinación *sol/escudo* no pueda extraer el coraje y confianza suficientes para no dejarme subyugar por estas sospechas, creadas por Satán? Como *"sol"*, Dios me muestra a mí mismo; como *"escudo"*, se me muestra Él. El *"sol"* revela mi insignificancia; el *"escudo"*, la divina suficiencia. Uno me permite discernir que no merezco más que la ira divina y no puedo ganar más que vergüenza; el otro me garantiza el derecho a la inmortalidad y el acceso a una herencia incorruptible en los cielos.[109] En resumen, aprendo de Dios como *"sol"* que si algún tipo de *"paga"* me corresponde, no es otra que la muerte eterna; pero de Dios como *"escudo"*, que si acepto su *"don gratuito"*[110] tengo acceso a la *"vida eterna"*. ¿A quién, pues, he de temer? ¿A mí mismo, puesto que en realidad soy mi peor enemigo? El *"sol"* hace que el hombre se vea y empiece por sí mismo, como es; el *"escudo"* le garantiza que permanece protegido y a salvo de sí mismo, para que pueda ser moldeado de nuevo y *"edificado para morada de Dios en el Espíritu"*.[111] ¿Me encogeré ante Satanás y sus huestes de principados y po-

---

[109] 1ª Pedro 1:3-6.
[110] Romanos 6:23; 2ª Corintios 9:15; Efesios 2:8.
[111] Efesios 2:22

deres?[112] Ciertamente, el *"sol"* hace que los vea temibles en poder y vehementes en su malicia; pero el *"escudo"* me los muestra derrotados y cautivos, porque Cristo murió y se levantó de la tumba.[113] ¿Voy a sentir temor ante la muerte? Sin duda, el *"sol"* hace a la muerte terrible, forzándome a contemplar la maldición divina de miembros inertes y facciones rígidas; pero acto seguido, el *"escudo"* me revela el milagro de la resurrección, mostrándome ese mismo sepulcro vacío, el polvo avivado, las maravillas de la resurrección en el monte, el valle y el océano entregando generaciones dormidas a la nueva vida. ¿Debe la muerte ser temida? Revisad la lista de cosas que Dios, como *"sol"*, nos insta a temer, como corresponde a criaturas caídas que somos; y veréis que como criaturas redimidas que nos ha hecho, este mismo Dios, como *"escudo"*, nos capacita para salir siempre triunfadores sobre todas ellas. ¿Alguien puede dudar de esta combinación del carácter y funciones divinas *(sol/escudo)*, coincide con el sistema de equilibrio por contrapeso que descubrimos en la gracia y en la providencia? ¿Quién pude fracasar habiendo sido instruido en esta doble enseñanza, que primero enseña al hombre que se ha destruido a sí mismo, y luego que Dios ha *"puesto el socorro sobre uno que es poderoso"*?[114] La primera lección es *humillante;* la segunda, *alentadora.* Una prepara el terreno para la otra, a fin de que el alumno se vacíe de toda confianza en sí mismo y esté en condiciones óptimas para asimilar la verdad. ¡Oh! ¿quién puede fracasar en inferir de ese contraste en las funciones del carácter divino: *"sol y escudo"*, la esencia de la enseñanza maravillosa que el salmista desea realzar cuando después

---

[112] Efesios 1:21.
[113] 1ª Corintios 15:23-28; 55-57.
[114] Salmo 88:19.

de haber afirmado que: *"sol y escudo es Jehová Dios"*, no duda en añadir que: *"dará gracia y gloria, no quitará el bien a los que andan en integridad"?*

Henry Melvill [1798-1871]

Porque sol y escudo es Jehová Dios. Las palabras del texto son como una voz que nos invita desde el cielo a disipar todo tipo de dudas y temores. ¿Me siento rodeado de tinieblas y el temor que me atenaza me dice que jamás encontraré el camino? ¡Abre bien tus ojos, oh alma mía, mira hacia arriba, al *"Padre de las luces"*[115]: El Señor es *"sol"*, y sus rayos esplendorosos iluminarán y dirigirán tus pasos en todo momento. ¿Sientes que hay en el interior de tu mente un velo opaco y sombrío que hace aún más tenebrosa la propia oscuridad del camino, y que precisa ser levantado? No te inquietes, pues el Dios *"que mandó que de las tinieblas resplandeciese la luz"*, es suficiente para iluminar ambas cosas: tu mente y tu camino; y hará que esa misma luz *"resplandezca en tu corazón, para iluminación del conocimiento de la gloria de Dios en la faz de Jesucristo"*,[116] pues es poderoso para hacer que *"alumbre en un lugar oscuro, hasta que despunte el día y el lucero de la mañana alboree en vuestros corazones"*,[117] guiando de ese modo *"nuestros pies hacia un camino de paz"*[118].

¿Será lo que te inquieta esa misma luz que alumbra tu camino, que descubre la oposición y los peligros con los que tendrás que enfrentarte al recorrerlo? Atiende bien, oh alma mía, pues el mismo Señor que es *sol,* es también

---

[115] Santiago 1:17.
[116] 2ª Corintios 4:6.
[117] 2ª Pedro 1:19.
[118] Lucas 1:79.

escudo. Luz y fuerza van unidas, para que nadie pueda descarriarse bajo su guía, ni tenga motivo alguno para desanimarse. Con este pensamiento consoló y reconfortó a Abraham cuando le dijo: *"No temas, Abram; yo soy tu escudo, y tu galardón será sobremanera grande".*[119] ¿Gimes bajo el temor de no sentirte apto para el reino celestial? Que sirva de consuelo a tu alma saber que: *"gracia dará Jehová".* ¿Te sientes indigno de alcanzar tan sublime galardón? Debe bastarte con recordar que *"gloria dará el Señor"* de forma incondicional, brotando libremente de su propio amor. ¿Te sientes abrumado por mil carencias que precisan remedio urgente? ¡Qué más puedes exigirle cuando te prometió que: *"No quitará el bien a los que andan en integridad".* No puedes desear nada que implique algún mal; y nada que signifique un bien te será negado. Contempla, pues, oh alma mía, el manantial que fluye en abundancia; en él podrás saciar en plenitud tu sed más ardiente y acuciosa; colmará tus mayores deseos; y tu mente reposara tranquila.

DANIEL WILCOX [1676-1733]
"Sixty-four practical sermons", 1757

Porque sol y escudo es Jehová Dios. ¿Qué motivos tiene el creyente para sentir miedo a las tinieblas cuando dispone de semejante Sol para alumbrarle? ¿O amilanarse ante peligros que le amenazan cuando cuenta con semejante Escudo para protegerle y guardarle?

WILLIAM SECKER [¿?-1681]
"The nonsuch professor in his meridian splendor: or, The singular actions of santified christians", 1660

[119] Génesis 15:1.

Gracia y gloria dará Jehová.[120] «El hombre –afirma un erudito autor– es la gloria del mundo inferior; el alma es la gloria del hombre; la gracia es la gloria del alma; y el cielo la gloria de la gracia». Por tanto el cielo (es decir, la gloria) es la gracia desarrollada y elevada a la perfección infinita.[121] Allí veremos su rostro, tendremos su nombre escrito en nuestras frentes y reinaremos con él por los siglos de los siglos.[122]

MATHEW WILKS [1746-1829]

Nada bueno niega a los que andan en integridad.[123] ¿Y cómo se entiende esto cuando en numerosas ocasiones Dios priva de honores y riquezas a muchos, y a veces incluso de la salud del cuerpo? Ni los honores ni las riquezas, ni tan

---

[120] FRANCISCO LACUEVA [1911-2005] en su versión del *Comentario de Matthew Henry* lo explica de la siguiente forma: «Gracia significa la buena voluntad de Dios hacia nosotros, así como la buena obra que lleva a cabo en nosotros, gloria significa el honor que nos otorga al darnos la adopción de hijos, así como la herencia que nos tiene preparada en el Cielo (ver 1ª Pedro 1:4-5). Dios nos dará gracia en este mundo como preparación para la gloria, y gloria en el otro mundo como perfección de la gracia; ambas son don libre y soberano de Dios».

[121] Dice al respecto IRENEO DE LYON [126-190] en su obra *Contra las herejías:* «*"Gloria Dei, vivens homo"*, "La gloria de Dios es que el hombre viva", y la vida del hombre es la visión de Dios». Una frase muy utilizada por los teólogos y muy debatida por las distintas interpretaciones, pero que viene a decir, en nuestra opinión: "La gloria de Dios da vida al hombre, por tanto, el objetivo fundamental de la vida del hombre es poder ver a Dios". Por ello el salmista concluye su poema diciendo: *"Oh Señor de los ejércitos, ¡cuán bienaventurado es el hombre que en ti confía!"* (LBLA).

[122] Apocalipsis 22:4-5.

[123] Literalmente, *"Ningún bien retraerá de los que andan rectamente"*.

siquiera la salud del cuerpo, entran en la lista de aquello que Dios estima como verdaderamente bueno. Son cosas intrascendentes que otorga indiscriminadamente sobre justos e injustos, como la lluvia que desciende y el sol que brilla.[124] Dios estima como buenas las cosas que da a los suyos: principalmente conciencia, la paz, y el gozo del Espíritu Santo en esta vida; y la plenitud de su presencia y la visión de su rostro bendito en la vida venidera. Estas son las cosas buenas de las que Dios nunca priva a los justos; y que jamás concede a los impíos.[125] Y que se resumen en una sola frase cuando dice el Señor: *"Beati mundo corde, quoniam ipsi Deum videbunt"*, esto es: *"Bienaventurados los limpios de corazón* (y sin duda esos son los que andan en integridad) *porque ellos verán a Dios"*[126].

SIR RICHARD BAKER [1568-1645]
"Meditations and disquisitions, upon the seven consolatorie psalmes of David namely, The 23, 27, 30, 34, 84, 103, 116", 1639

Nada bueno niega a los que andan en integridad. Una fuente inagotable en la que el Señor llena a rebosar el cubo de nuestros corazones y sacia por completo el anhelo de nuestras almas, por profundo que este sea, porque su mano es generosa y pródiga en otorgar.

THOMAS ADAMS [1583-1653]
"Mystical bedlam, or the world of mad-men", 1615

---

[124] Mateo 5:4.

[125] En este mismo sentido dice JOSÉ Mª MARTÍNEZ [1924-] en "Salmos Escogidos": «A veces lo que nosotros consideramos un bien (posesiones materiales, relaciones humanas, poder, etc.) en realidad entraña un mal. En tal caso, Dios probablemente nos quitará ese *"bien"* para que no nos dañe; pero del *"bien"* verdadero jamás nos despojará».

[126] Mateo 5:8.

Vers. 12. *Jehová de los ejércitos, dichoso el hombre que en ti confía.* *[Jehová de los ejércitos, dichoso el hombre que en ti confía.* RVR77] *[Señor Todopoderoso, ¡dichosos los que en ti confían!* NVI] *[Oh Señor de los ejércitos, ¡cuán bienaventurado es el hombre que en ti confía!* LBLA] *Jehová de los ejércitos, dichoso el hombre que en ti confía.*

Este versículo aporta la clave de todo el salmo. La adoración es algo propio de la fe, y por tanto, la bienaventuranza es inherente a los verdaderos creyentes. Ningún adorador formalista o protocolario puede adentrarse en ese secreto. El creyente ha de conocer al Señor a través de una vida de fe real y verdadera, de lo contrario será incapaz de alcanzar en el culto a Dios, en su casa, en su Hijo, o sus caminos, un gozo real, genuino y verdadero. Querido lector, ¿cómo encaja eso en tu caso particular? ¿Se ajusta esto al sentir de tu alma?.[127]

C. H. Spurgeon

---

[127] Dice al respecto Agustín de Hipona [353-429]: «Es triste ver con tanta frecuencia cómo los hombres renuncian a su integridad con tal de conseguir y mantener bienes terrenales, y son infieles respecto a lo que se les confía. No les importa sacrificar su honradez con tal de obtener oro. ¿Qué consiguen con ello y en qué se perjudican? Consiguen riquezas, pero a costa de su integridad. ¿Acaso hay para un hombre algo más valioso que su integridad? ¡Pero si me empeño en mantener la integridad, –alegan– seguiré siendo pobre! ¿Acaso la integridad es de poco valor? Ciertamente, si logras llenar tus arcas de oro serás considerado rico. ¿Y piensas acaso que si te mantienes íntegro mediante una conducta ecuánime y recta vas a ser menos rico? Si deseas ser rico de verdad, estando ahora en el valle de lágrimas, en pobreza, en angustia, en sufrimiento, soportando pruebas, mantente en integridad. Y Dios no te negará nada de lo que anhelas: reposo, inmortalidad, incorruptibilidad, verte libre del dolor; pues estas son las verdaderas cosas buenas que Dios tiene reservadas para los que andan en integridad, y no se las niega, se las da en abundancia. Date cuenta de quiénes son los que los tienen y disfrutan de esos otros bienes que ahora tanto deseas y por los que serías capaz de sacrificar tu integridad y renunciar a tu dicha eterna. ¿Dónde ves riquezas? En casa de los corruptos, de

Jehová de los ejércitos, dichoso el hombre que en ti confía. El confiar en Dios es lo que nos aporta la mayor de las bendiciones, puesto que:

1. *Nos hace dichosos en:*
   a. Todas las cosas.
   b. Todos los momentos.
   c. Todas las circunstancias.
2. *Nos aporta de parte de Dios su:*
   a. Misericordia que nos perdona.
   b. Poder que nos protege.
   c. Sabiduría que nos guía.
   d. Omnipotencia que nos suple.
   e. Fidelidad que nos garantiza.[128]
3. *Y de ello tenemos plena certeza por:*
   a. La experiencia de David.
   b. La invocación solemne que hace a Dios como: *"Jehová de los ejércitos".*

GEORGE ROGERS [1798-1891]

---

los ladrones y delincuentes, de los impíos que se dedican a actividades injustas; allí verás con toda seguridad grandes riquezas, pues Dios se las concede en la exuberancia de su bondad para con todas las criaturas porque son parte de género humano, pues *"hace salir su sol sobre malos y buenos, y hace llover sobre justos e injustos"* (Mateo 5:45). Y si tanto concede a los ahora son injustos, ¿no va a reservar mucho más para ti que eres íntegro? ¿Acaso piensas que sus promesas son falsas? ¡No! Te lo tiene reservado y bien guardado, puedes tener plena seguridad de ello. ¿Crees acaso que Aquel que se acordó y se compadeció de ti cuando andabas sumido en el pecado te abandonará ahora que le sirves con integridad? *"El que no eximió ni a su propio Hijo, sino que lo entregó por todos nosotros, ¿cómo no nos dará también con él todas las cosas?* (Romanos 8:32). Tranquilízate pues en tanto que has creído en las promesas de Dios, Dios está en deuda contigo, y *"nada bueno niega a los que andan en integridad"»*.

[128] Salmo 25:3.

COLECCIÓN LOS SALMOS

Salmo 19
La Creación. Salmo de la creación

Salmo 23
Salmo del pastor

Salmo 27
La Confianza. Confianza triunfante y suplicante

Salmo 32
El Perdón. Salmo Paulino

Salmo 37
La Impaciencia. Antídoto contra la impaciencia

Salmo 84
La Alabanza. La perla de los Salmos

Salmo 90
El Tiempo. De generación en generación